掌控演讲

陈飞 / 著

中信出版集团 | 北京

图书在版编目（CIP）数据

掌控演讲 / 陈飞著. -- 北京 : 中信出版社,
2021.4 (2021.4重印)
ISBN 978-7-5217-2898-9

Ⅰ. ①掌… Ⅱ. ①陈… Ⅲ. ①演讲－语言艺术－通俗读物②心理交往－语言艺术－通俗读物 Ⅳ. ①H019-49 ②C912.13-49

中国版本图书馆CIP数据核字（2021）第040008号

掌控演讲

著　　者：陈飞
出版发行：中信出版集团股份有限公司
（北京市朝阳区惠新东街甲4号富盛大厦2座　邮编　100029）
承 印 者：北京诚信伟业印刷有限公司

开　　本：880mm × 1230mm　1/32　　印　　张：9.75　　字　　数：185千字
版　　次：2021年4月第1版　　印　　次：2021年4月第2次印刷
书　　号：ISBN 978-7-5217-2898-9
定　　价：59.00元

目录

第二章

准备工作：有备而“战”才能出口成章 / 029

第三章

内容输出：有效表达的秘密 / 099

第四章

第五章

第六章

推荐序

做一个万物互联时代的发光体

任何时候，声音的传播永远是人类最重要的组成部分。

每一个人都是这个星光灿烂的宇宙中的发光体，只是大小不同，亮度不同。

在这个万物互联的时代，倾诉与聆听无远弗届，传播与对话无处不在，互联网给了每个人表达全新自我的窗口、可面向全球网民演讲的起跑线、通过演讲连接天下听众的机遇。这就意味着，我们能拥有更广阔的平台，去创造互联网时代演讲的新业态、新语态、新事业。

无论我们想要创造什么，我们都需要展示自己，我们需要借助互联网媒体，发出自己的声音。最有力的方式就是演讲。

以 5G、云计算、大数据、人工智能、区块链为代表的信息技术正在重塑人类，人类面临的是一个以信息技术应用为中心、以用户价值为旨归、以深度学习为中心的智能时代。如何更好地融入这个全球化智能时代，我想，最直接的方法，就是变成一个数字化智能发光体，学会自我发声，学会展示自己，在每一个关键时刻，用出色的语言智慧表达征服他人，用演讲的力量传递思想。

五年前，我曾在联合国中国书会、哈佛大学肯尼迪论坛、哈佛中国论坛、布朗大学“我的中国梦峰会”、麻省理工学院宇宙可持续发展峰会、哥伦比亚大学纽约中国论坛、南加州大学中国学者对话会议等不同场合，见证海外中国学子在国际舞台上的激情演讲，他们勇敢自信地展现自我、面向全球激情讲述中国故事的场景历历在目。

我很欣赏《掌控演讲》的核心观点：演讲以内容为王。这是一个千古不变的真理。好的内容永远是千锤百炼的金刚钻，永远是大浪淘沙后留下的闪光的珍珠，永远是我们在这个信息爆炸的全媒体时代的稀缺价值桂冠。

陈飞老师的这本《掌控演讲》很有特色。一是通俗易懂。尽管是教演讲，却有一种站在身旁、娓娓道来的温暖的感觉，把那些演讲中的大道理讲得生动透彻，让人一看就懂，读起来毫不费力，很适合大众阅读。二是方法实用。她没有按部就班地告诉你演讲该怎么讲，而是提供了一套清晰的思维模式，帮助你养成一种思维习惯，不管你是一名普通的在校学生，还是大型企业的高层领导，都可以拿来就用。三是充满温度。我了解到，陈飞老师每年都会在全国高校开展演讲知识普及活动，让演讲走入各政府机关、企事业单位、大中小学，并且自己也积极参加各类演讲宣传活动，对参加演讲的学员进行指导，用自己的知识去帮助更多的人，去点燃更多人的思想与热情。我认为，这是一项需要付出很多汗水和情感的高尚的事业。

语言，是人类文明之始，更是人类文明得以延续的重要载体之一，而演讲则是运用语言的一种更高级方式。就像陈飞老师在本书中说的那样：“演讲，每一个奔向未来的人，都应该学会。”尤其在现在这样一个互通互联的新时代，演讲更应该成为每个人必备的能力之一，帮助我们寻求共鸣，激发热情，分享知识与见解，追逐更远大的梦想。

“认识你自己”，这是古希腊神庙上刻着的一句箴言，它跨越时代的沟壑来到现在，激励我们不断变得勇敢；而我想说的是，在新时代，我们需要的不仅是认识自己，更应该是“展现你自己”，做一个发光体，不仅照亮自己，也照亮他人，甚至照亮世界，用每一个人的故事汇成新时代的中国故事，讲给世界听。

伍刚

中央广播电视总台央广网副总编辑

哈佛大学访问学者

演讲是可以改变命运的

我和陈飞老师一样，都热爱演讲，热爱通过教授别人演讲帮助和成就他人。在我的本职工作以外，我最喜欢的身份就是“演讲教练”。因此，我和陈飞老师是同道中人。陈飞老师比我更加果决，如今她全身心投入到演讲教学当中，并写作了这本《掌控演讲》。这充分说明一个道理：你的时间在哪儿，你的成就亦在哪儿。学习演讲也是这个道理。

在祝贺陈飞老师的同时，我更为此时捧读这本书的你感到庆幸。当你拿起这本书并仔细研读，进而指导自己的公众表达时，这本书就成为你人生的上上签。若你真能按书中的方法认真练习，你也可以像哪吒一样说出那句——我命由我不由天！

演讲是可以改变命运的。我们学会有一个会员，他曾经是一个普通的仓库保管员，他非常热爱演讲，在一次演讲比赛中，他进入了全市前三名，他向大家讲述了一名仓库保管员的责任和担当，让现场的评委和观众印象深刻。当时他所在单位的领导就在现场观看比赛，因为他出色的演讲能力，他被调到单位的办公室工作，后来走上了领导岗位。不得不说，他的人生命运也有演讲口才的神助攻。

我和陈飞老师曾经交流过一个观点，我认为演讲是一门学校未教、人生必修的课程。我想，很多朋友都会有这样的感受，不管在哪个行业，那些被称为强者的人，大部分都有比较好的演讲口才，而且口才越好，发展空间越大。综上所述，我总结了两点感受，与邂逅本书的你分享。

演讲可以为你打开一扇窗户

我曾在湘潭大学哲学与历史文化学院高捍东教授的文章里看到过这样一个故事，英国现实主义戏剧家萧伯纳在世时是一个非常活跃的雄辩型演讲家，但他的口才不是天生的，恰恰相反，他从小腼腆内向，一直被长者视为最没有出息的人。23岁时，穷困潦倒的他听从一个朋友的劝告，参加了伦敦辩论学会。按要求，每一个入会者在学会活动中都必须当众发言，陈述自己的观点。萧伯纳不得不发言，当时口拙嘴笨的他感到难堪至极。于是，他发誓每星期参加一次这样的活动来锻炼自己的口才。最后，他硬是通过一次次的刻意练习，把自己练成了一位雄辩型演讲家。他的成功为所有惧怕公众演讲的人树立了一个榜样，正如陈飞老师在本书中所倡导的观点——演讲是可以学习的。

很多人都认为好口才是天生的，我只能说这是一个天大的误会。跟着专业书籍学习，请专业的演讲教练进行指导，这些都是演讲能力进阶的有效方法。从萧伯纳的故事里我总结了一个观点，演讲口才能力要么为人打开一扇窗，要么成为人面前的一堵墙。希望所有邂逅本书的朋友，都能在陈飞老师的帮助下，为自己打开一扇人生的新窗。

演讲可以为你插上一对翅膀

我曾经规律性地带教过一批学生，其中有几位同学从小学到大学，一路都是凭借演讲方面的超凡能力获得不同阶段的免试和加分。如今，那批孩子依然受益于当年在演讲课堂上的收获。他们当中学什么专业的都有，但无一例外，都受益于演讲为他们搭建了最初的展示平台、创造了脱颖而出的机会。如果把你已有的知识和专业能力比喻为身体的话，演讲能力就是从你身上长出来的翅膀，可以助你飞向更高的天空。如今，《掌控演讲》就是你的翅膀。

《掌控演讲》这本书最大的亮点就是陈飞老师通过众多的实战案例为我们还原了丰富的实战场景，以案教学，让你的学习事半功倍。这得益于陈飞老师本身就是一位活跃在实战场景里的演讲教练，这是读者的福分。

朋友，再次祝贺你，因为当你看到我这篇碎碎念的时候，也就意味着你即将通过这本书掌控演讲，成就自己。

国生

2017 上海广播节全国十大匠心主播

湖南人民广播电台首席主持人

湖南省演讲与口才学会副会长兼秘书长

演讲是一个人的基本能力

我是在2021年全国两会结束后，从北京返回十堰的高铁上接到陈飞老师电话的，她告诉我，她的新书《掌控演讲》即将出版，她把书稿发给我，想邀请我为她写序。

我欣然应允。陈飞老师，我是非常了解的，她是一个很执着的人，一直投身于演讲的普及和推广事业中。我和陈飞老师第一次见面是在湖北省总工会，那时临近五一劳动节，我作为全国劳动模范、全国五一劳动奖章获得者，要参加湖北省劳模工匠报告会，并在报告会上发表演讲。我们共有6个劳模工匠需要上台演讲，准备时间只有两天半，为了保证宣讲效果，省总工会特意请来陈飞老师为我们辅导。

陈飞老师给我的第一感觉是言语温和，性格开朗，思维敏捷，行事果断。我的稿子事先已经写好了，我把打印好的稿子给陈老师，请她帮忙看看是否需要修改。她接过稿子，微笑着对我说："这样吧，你讲一遍给我听。稿子要不要改，不是用看的，要用听的。

现在我是观众，你是演讲人，你讲给我听。”我还是有些演讲基础的，平常参加的演讲活动也有一些，但是突然在专家面前单独演讲，我不免有点紧张。

果然，在讲的过程中，我自己也感觉到有些词句讲起来不那么顺口，有的语言讲出来有点怪怪的，好像没能表达出应有的意思和情感。讲完以后，陈老师问我是什么感觉，我就直接告诉她，可能稿子还需要修改一下。

陈老师微笑着跟我说，演讲，看起来是讲给观众听，其实也是讲给自己听，要自己讲起来感到舒服、自己喜欢的语言才是好的。接着我们一起探讨了演讲稿的改进方法，我们花费了差不多一个下午的时间来修改稿子。在我们反复的修改和演练下，当晚，演讲稿的内容就敲定了，接下来就是熟悉稿件和表达技巧的训练。演讲前一天的下午，我们巡讲团6个人一起来到演讲的报告厅熟悉场地，现场演练。这让我对环境有了体验，也更增加了我对演讲的信心。第二天的演讲非常成功，我是第一个上场的宣讲人，我佩戴上闪闪发光的劳模奖章，我的演讲获得了观众热烈的掌声。

我是从一个农民、一个普通工人成长起来的全国劳模，这一切源于组织的培养，也源于一种奋斗精神。我经常受邀参加各种论坛活动，发表演讲或者接受采访。我参加了央视的节目，接受康辉的采访；作为全国人大代表，我在人民大会堂全国人大首场代表通道 上接受记者采访，我在各种会议上建言献策，为产业工人代言，为工匠精神代言，为城市精神代言。我经常跟陈老师分享我的演讲感受，一次次的练习和积累，让我的内心不断强大，让我的语言表达越来越流畅，让我的演讲技巧越发成熟，我们也成了很好的朋友。

这一切都让我体会到，精益求精的工匠精神，不仅体现在做事上，也体现在说话上。演讲能力，是一种重要的能力，传播思想，成就自己。

我很欣赏《掌控演讲》这本书中的很多观点，尤其是提到演讲者要修炼内功，语言中那种内在的力量感，是来自一个人生活工作的日积月累，来自阅历和思考，来自读过的书、走过的路。你流过的眼泪、洒下的汗水，最终都将成就你自己。我认为这些都非常重要。而演讲的训练方法，也来自真实场景的实战演练，我们要勇于接受挑战，不断在工作和生活中锻炼自己，不怕失败，才会有成长和变化。

演讲其实就是说话，是一个人的基本能力，但要说得好却不是简单的事情，让我们一起为这个目标努力。

王建清

全国劳动模范、中国汽车制造业十大工匠

东风汽车集团工会兼职副主席、高级技师、首席技能师

演讲，你也可以

什么是演讲?

我每次在我的讲座里问这个问题时，收到的回答基本都是：一个人站在舞台上面向众人讲话。这大概就是我们心目中所想象的演讲的样子吧。

我们之所以会这样想，是因为大多数时候，我们看到的演讲就是这个样子的。我们会自然地认为：演讲里的“演”是指“表演”，演讲是一种舞台表演艺术。

但这却是对演讲最大的误解!

其实，演讲里的“演”并不是“表演”的意思，而是指“演绎”。“演绎”是一种逻辑推理的方法，指的是从某一个前提条件出发，通过推导，得出一个结论。

演讲从本质上说，是为了传达一种观念，以达到分享或说服他人的目的。在日常生活中，比如和朋友聚会聊天，我们常常需要针对某个问题提出自己的看法。这时候，我们其实已经不经意、不自觉地处于演讲的状态中了。

与日常说话不同的是，演讲是一种有目的的说话行为。演讲的时候，我们通常带有清晰的目标，所以真正的演讲更需要运用“思维”的方法，而不是运用“表演”的技巧。

大多数时候，我们的演讲没有舞台。比如：为了考入名校，为了求职，我们需要通过大大小小的面试；参加公司会议时，我们可能需要就某个问题发言；给客户介绍产品时，我们需要让客户了解产品的优点和亮点；在生活中，我们需要用口才为自己赢得爱情；和亲友聚会时，出色的演讲能力可以让我们成为全场的焦点……

演讲早已不局限于在大庭广众之下讲话，而是已经成为我们处处可见的生活日常，成为每个人需要掌握的工具，就像人们使用计算机和手机一样普遍。

2019—2020 年连续两年在高考作文中出现“演讲稿”写作，这向我们传递出一个重要的信息：人才，不仅要会写，还要能说。

这是一个剧变的时代。过去一个大型商场一年的销售总额，今天一个网红主播“双十一”一天就可以实现。过去，主播是一个只属于少数人的精英职业；今天，打开抖音，人人都是超级主播。过去我们如果想创业，需要先筹钱；今天我们如果想创业，需要先学演讲。

“码头工人哲学家”埃里克·霍弗曾说过一句话：在剧变的时代，学习者掌握未来。博学的人往往会发现，他们熟悉的那个世界已经不存在了。

作为演讲教练，我常常为全国人大代表、劳模工匠辅导演讲。

在这个过程中，让我感触最深的，就是这些优秀人物，他们都是各行各业的杰出代表，他们有丰富的人生阅历、宝贵的成功经验，但是，如果不擅长演讲，他们就无法更好地提出自己的观点，无法更好地参与重大政策的制定和决策。有的时候，一次好的发言能够带来的效益是巨大的。

说到这里，可能有的朋友会说："老师，我也很想学演讲啊，可到底怎么学呢？我就是一个演讲'小白'，能学会吗？我也可以面对众人，脸不红、心不跳地讲出自己内心所想吗？"

我想说的是：每一个人，都可以做到。

演讲能力并不是与生俱来的，你所看到的那些在演讲台上滔滔不绝的名人"大咖"，也都曾经历过演讲时紧张、焦虑、无奈等糟糕的状态。古罗马雄辩家西塞罗在最初演讲时，曾感到自己"脸色苍白，四肢和整个心脏都在颤抖"；马克·吐温第一次站在台上演讲时，觉得自己"嘴里好像塞满了棉花，脉搏快得像争夺奖杯时的百米赛跑"；英国前首相迪斯累里曾说，他宁愿领一队骑兵去冲锋陷阵，也不愿在议院发表一次演讲……但是，这些状态并没有阻止他们成为出色的演说家。

可见，演讲是可以学会的，他们可以，你也可以。

但首先我们要做的是走近演讲，了解演讲，进而掌握科学的训练方法。

语言重在思维习惯的训练。这是我在武汉大学读语言学专业研究生的时候领悟到的，那时我兼职给外国留学生上汉语课，也给大学生上大学语文的通识课。我曾经在我的课堂上探索使用“演讲”这种语言教学形式，我发现演讲带给人的，不只是语言表达能力的提升，还有自信、乐观等心理素质的提升，演讲带给人的成长是巨大的。我在毕业论文中用大量的数据总结了这种教学模式和使用优势。对语言教学而言，演讲应该成为各个年龄阶段学生的必修课程。

投身演讲教育十几年来，我一直致力于演讲知识的普及与传播。我的讲座“演讲的力量”走进了各政府机关、企事业单位、大中小学。不论是在全国、全湖北省的各大演讲大赛中担任评委，还是去参加全国省级演讲协（学）会会长论坛，我都会提及演讲普及化这一观点。演讲是一种基础能力，如果能够让更多的人掌握这种能力，大胆展示出自己的才华，并因此获得更多的发展机会，从而实现自己的人生理想，我想这是一件值得去做的事情。

那么，学演讲难吗？很多人问我：“老师，你觉得我多久能学会？”

我会告诉他，只要你愿意下功夫，一个星期就可以有很大改变，前提是掌握正确的方法。很多人觉得，我在家里对着镜子天天练，是不是就可以练成？我要说的是，恐怕这不是练习演讲最有效的方法。或许你在课堂上举个手，在会议上主动发个言，就能胜过你在家对着镜子练习好多天。

演讲能力，说到底就是一个人的思维能力。言由心生，你的心里想什么，你的嘴里才会说什么。思维没建立，语言就出不来。所以，学习演讲的第一步就是建立思维架构，培养思维习惯，确立正确的演讲目标；然后选择适合自己的话题，学会提炼自己的观点；接着根据你的观众去选择不同的演讲思维路径，收集和整理演讲素材，撰写演讲提纲；最后，认真地练习你的演讲。

在这个过程中，每一步都有顺序，每一步也都必不可少。这些准备工作其实也是在帮你训练和培养一种思维习惯，告诉你在任何情况下，拿到任何话题，应该怎样去思考。只有做足准备工作，你才有可能成就一场精彩的演讲。

实际上，很多时候人们害怕演讲，并不是因为没有胆量，而是因为无话可说。“天哪，让我讲 5 分钟，我哪有那么多话可讲啊！”这种担忧其实来自演讲内容的匮乏。

在任何时候，演讲都要以内容为王，有价值的永远是内容，人们想听的也是你要传达的内容。好的演讲可以在一分钟内征服观众，而失败的演讲可能讲一个小时也是“雁过无声”，这就是表达的有效性问题。演讲所追求的境界就是有效表达，说一句是一句，逻辑清晰，没有废话。

所以，我们要从演讲标题着手，在开场的“黄金 30 秒内”抓住观众的注意力，熟练使用演讲“三段论”结构，充分利用逻辑、故事、人称、亮点、金句等，给观众送上一份有逻辑有力度、有情感有温度、有说服力有感染力的演讲“大礼”。

当然，真正好的演讲所追求的境界，还包括外在形式和内在思想的完美结合。充实的内容固然重要，但也需要有美好的外在来呈现，毕竟人也是一种“感官动物”。在我们站上演讲台的那一刻，我们要把自己最好的一面展现出来，这就需要我们练就良好的台风，能够在演讲过程中展现出既恰当又良好的姿态、礼仪、声音、手势、表情等技巧，让这些外在形式更好地服务于演讲的内容。我们还需要了解临场的各种应变技巧，学会处理现场难以预料的各种突发情况。

学好演讲，实践很重要。演讲者要有强大的内心，敢于突破自己的心理防线，到真实的场景中去实践。演讲就像游泳，你不亲自下水，就永远体会不到游泳是什么感觉。所以也别指望看了一本书、理解了一个理论、掌握了一种技巧，就真的学会了演讲。

最后我想说的是，学习演讲，“内功”很重要。演讲打通的是语言表达的最后一公里，也就是说，演讲搭建的是一个思维架构，这就像一个衣橱，你给每一件衣服都准备了一个空间，使用这个衣橱能让你更清晰、更快速地取放和搭配服装，以应对不同的场合。但衣服是你自己的，没有的话，你需要自己去买。衣服可以去商场选购，而演讲内容却需要你的真才实学。“内功”怎么练？你曾经读过的书、你的经历、你的经验、你的感受，最终都会变成你的演讲“内功”，爱读书、多积累是练习“内功”最好的方法。

丘吉尔曾说：一个人敢面对多少人讲话，就有多大成就。

一个擅于演讲的人，也必定会成为一个优秀的人，只是时间早晚的问题。

学演讲，让我们一路同行！

第一章

我们为什么要学会演讲？

股神巴菲特曾说：“有一件事你必须做，不管你喜欢与否，那就是轻松自如地当众演讲。这可能需要下些功夫，但这是一笔财富，可以伴随你五六十年之久；如果你不喜欢这样做，那就是你的不利条件，同样会伴随你五六十年。这是一项必备的技能。”由此可见，演讲，可谓是这个时代每个人都必备的一项本领，然而，很多人却深受演讲之“痛”，对演讲望而却步。难道演讲真的很难搞定吗？当然不是，只要找到方法，每个人都有机会完成出色的演讲！

演讲无处不在

当你想到演讲时，你的脑海中会出现怎样的画面？大大的报告厅、舞台、灯光、大屏幕、精美的PPT，以及一个站在舞台中央侃侃而谈的人……这也许就是我们大多数人心目中的演讲的样子吧。

但是，演讲一定要有舞台吗？一定要有PPT吗？一定要有演讲稿吗？

在学习和工作中，我们不可避免地会在会议室里面对领导、同事、客户讲话，也可能需要在大礼堂内面对几百人发言。如果你刚好是一位讲师，或者从事与主持、宣传、推广等有关的工作，那么你当众发言的频率会更高。

可以说，每一次当众发言都是一次演讲。演讲在生活中无处不在。

但是，不论面对哪种类型的演讲，总会有人感慨：“为什么别人演讲时可以张口就来，赢得阵阵掌声，我一演讲就状况百出，不是卡壳就是忘词呢？难道我天生就搞不定演讲吗？”

我相信很多人都曾有过类似的疑问和困惑，也有很多人已经认定自己天生不是演讲的“材料”。作为一名演讲教练，我经常会被问到这样的问题：

- 我怎样才能在演讲时不紧张？
- 我怎样才能像那些大咖一样，站在台上就能口吐莲花？
- 我怎样才能克服演讲时忘词的窘状？
- 我是不是真的不适合演讲？

……

关于这些问题，我想每个人应该都寻找过解决方法，比如深呼吸、适量运动、冥想、提前了解场地环境、寻找观众里的熟人……可就算你真的照做了，该紧张还是紧张，该忘词还是忘词，这些方法好像并不能完全解决问题。

那么，我们看到的那些在台上激情四射、慷慨激昂的陈述，真的是发言者天赋异禀、“张口就来”的吗？

以我的个人经验来看，并不是这样。

我给大家讲个故事，这也是我的一个亲身经历：

我曾经辅导过一位焊接工人，他的技术十分了得，焊接的是“天眼”这样的高精密仪器，并因此获得了“荆楚工匠”的称号和“湖北省五一劳动奖章”。那一次，他要作为劳模代表上台领奖发言，请我去为他做发言辅导。

他是个不善言辞的人，用他自己的话说，他喜欢跟事打交道，不擅长跟人打交道，所以连他的发言稿都是同事帮着写的，他照着读就行。我第一次见到他时，他表现得很腼腆。当我要求他讲几句给我听听时，我发现他拿着稿子的手在不停地抖，从始至终头都没抬过，眼睛也没离开过稿子，就像一个小学生在不带感情地“朗读课文”。

当时距离他上台发言还有两天时间，为了让他的心态放松下来，我开始跟他聊天：“焊接学起来很难吗？最难的是什么？”这个问题一下打开了他的话匣子，他的眼睛亮起来，开始滔滔不绝地跟我讲：要想焊接精密仪器，就要眼到、手到、心到，尤其是手持焊接枪时要纹丝不动；焊接对身体的控制力要求很高，普通人坚持几分钟就不行了，所以需要长期坚持和练习……

我笑着说：“这篇演讲稿可没有你的焊接枪重哦，你焊接时手都不抖，讲个话却抖了！”他很不好意思，说自己没上过台，心里慌得很，在专家面前就更慌了。接下来我跟他分享了我上学时自己利用焊接技术组装小收音机的经历，并告诉他，谈焊接技术，他是我的老师；而现在谈演讲，我是他的老师，我们可以互相学习。

之后，我为他制订了一个“三步走”演讲能力提升计划。

第一步：学抬头，和观众进行眼神交流。我在演讲稿上画好断句符号，要求他在画符号的位置必须抬头看观众，然后再接着读。

第二步：学朗读，了解重音、停顿和语速。

第三步：学习部分脱稿，注入情感。

两天的时间很短，但他学得很努力，练习得也很认真，到正式演讲时，他已经能比较坦然地面对观众，流畅地演讲了。

接下来，他跟随省劳模巡讲团进行了为期一个月的巡讲。两个月后，我在襄阳举办讲座，邀请他参加。当时我问他，能不能跟我们分享一下他的学习感受，他欣然应允。让我惊喜的是，他竟然能够完全脱稿，即兴演讲了。他的演讲很真实，也很真诚，我相信以后任何场合的演讲，他都敢去尝试了。

果不其然，后来他又受邀去几所大学演讲，效果都非常好。有一天，他给我发微信说：“陈老师，我已经汇报完了，没紧张，但不知道为啥，自己一度有些鼻酸哽咽，以前没感觉到……”

我回复他说：“你已经找到感觉了。”

这正是演讲应有的感觉。

这位焊接工人的经历，就是一个演讲学习者的成长经历，非常具有典型性。他从一个拿着稿子不敢抬头的“演讲小白”，到可以脱稿进行即兴演讲，只用了两个月时间。在这两个月里，他只进行了七次公众演讲，已经足以帮他克服紧张、胆怯、忘词等问题，从而使他能从被动地讲给别人听，到在舞台上打动自己、看见自己，体现出了一个演讲者的成长与变化。

说到这里，你一定发现了，任何一个成功的演讲者，都是从“演讲小白”一步步成长起来的，都需要克服恐惧、紧张、害羞、忘词等糟糕的状态，也需要战胜演讲枯燥、缺乏情感、声音干瘪、语速不当等尴尬的情况，一步一步成长起来。

以我的个人经验来看，演讲有三个境界：

第一个境界是表达，即你很清楚地知道自己想说什么，把自己知道的东西讲出来，让别人知晓。

第二个境界是共情，即你不仅知道自己想说什么，也知道别人想听什么。你不是停留在把自己知道的东西讲出来，而是更在意别人是否愿意接受你讲的，并力求用语言搭建起一座桥梁，让自己的思想真正进入别人的内心世界，引起对方的共鸣。

第三个境界是忘我，即你真实地面对自己和他人，真正敞开心扉分享你的热爱、你的故事、你的梦想。这一刻你会忘记一切，只专注于自己所讲的内容，你会呈现出一种真实、自然、生动的状态，心里有火，眼里有光。你的状态会感染他人，你的观点可以直击人心，你让人们感受到演讲的力量。这就达到了演讲的最高境界。

我认为，这三个境界是一个演讲者必须经历的成长与变化。如果你在学习演讲的过程中能够经历这三个境界，我相信你一定可以成长为一名出色的演讲者。

什么样的演讲才是好的演讲？

什么样的演讲才是好的演讲呢？要回答这个问题，我要先给你讲个故事。

在公元前500年前后，世界上诞生了一大批伟大的人物，其中西方最著名的人物之一就是苏格拉底。他貌不惊人，甚至略显丑陋，既没有艺术家的气质，也没有悦耳的声音，更没有任何著作传世。但是，他却是一位真正的演讲家。

苏格拉底每天都会站在雅典广场上，以跟人闲聊的方式探寻哲学问题。他的思维方式独特而犀利，常常驳得人哑口无言，他的这种提问与探讨式的说话风格被称为“苏格拉底式提问”，他的演讲也常常引得路人驻足围观。久而久之，苏格拉底所在的广场角落形成了一个演讲场，很多平民百姓、达官贵人都慕名前来，参与其中。后来，他的学生柏拉图把他的思想和辩论进行整理编撰，后人才得以了解他的语言魅力。

同一时代，在东方，印度诞生了一位伟大的人物——释迦牟尼。传说他在菩提树下悟道，创立了佛教，并带领弟子四处传教，用演讲的方式传播佛教思想，为苦难中的人们送去精神慰藉。

而在我国，当时也出现了一位传奇人物，他就是孔子。孔子所创立的儒家思想奠定了中华民族的文化根基，孔子门下弟子三千，但他与苏格拉底一样，所有思想皆是以对话、问答等方式传播，后人了解他的唯一途径就是通过《论语》。这部著作也是孔子的弟子根据他与弟子们的对话记录和整理而成的，皆以口头语言形式组成。

苏格拉底、释迦牟尼和孔子的语言传播形式就是演讲最初的样子，从这些大家身上，我们也看到了演讲的力量。这种力量大到可以凝聚人心，甚至可以推动世界的进步和发展。

既然演讲具有如此巨大的力量，那么这种力量到底来自何处？作为一名普通的演讲者，我们怎样才能让演讲更成功、给别人留下更深刻的印象呢？简而言之，什么样的演讲才是真正优秀的演讲呢？

要弄清这个问题，我们还是要从这些先贤哲人身上寻找答案。从他们身上，我们可以发现好的演讲具有三个相同点：

- 强调交流性，有问有答，具有很强的针对性。
- 都是完全即兴的，事先并无讲稿。
- 观点新颖，思想深刻，语言精练，发人深省。

这三个特点，就是让演讲成功的终极秘密。接下来，我就给大家进行逐条分析。

❶ > 好的演讲类似于聊天，但又不同于聊天

问大家一个问题：你印象中最出色的演讲是哪个？是乔布斯的演讲，还是 TED 的演讲？那些被人们无数遍点赞和传播的演讲又具有哪些特点呢？

如果我们仔细研究就会发现，在大多数时候，那些成功的演讲者演讲时就像是在与观众聊天。他们表情轻松自然，开口谈笑风生，却能深深吸引观众，让观众由内而外感受到思想的洗涤。同时，好的演讲也必然会起到“润物细无声”的作用，让我们在聆听之后深有感触和启发，似乎在不知不觉间我们的大脑里就被种下了一颗思想的种子。

很显然，这种聊天已经不是普通的聊天，而是演讲。可见，演讲看似聊天，实际上二者形似而神异。

那么，演讲与聊天有什么区别呢？两者最大的区别就在于是否具有明确的目标。聊天一般都是漫无目的的，想到哪里就聊到

哪里，想聊什么就聊什么。而演讲的本质是什么？是思想性和目标性。没有舞台，苏格拉底站在雅典广场的角落里也能演讲；没有PPT，用一个个提问来引导，演讲一样可以有逻辑。但是，演讲不能没有目标，不能没有观众，更不能没有观点和思想。相比而言，那些富丽堂皇的舞台、PPT 演示，都只是一件珠宝的包装盒而已。如果仅有包装盒，里面却没有珠宝，那包装盒又有什么价值呢？珠宝放射出的独特光芒，才是演讲者真正的思想，也是演讲最珍贵的东西。

有人曾提出一个“55-38-7 理论”，认为一次好的演讲，55% 靠辅助表达手段，38% 靠声音，7% 靠内容。我认为这样的理论是不符合实际的，它会把演讲引入歧途。演讲中需要考虑演讲者的外形美和声音美，但外形、声音都只是外在形式，演讲仅靠这些是无法取胜的。我不认为这些外在形式能够成为评价一次演讲优秀与否的标准。

语言是一种工具，苏格拉底、释迦牟尼和孔子在演讲时，从来没有人在意他们的外形是否好看，声音是否好听，发音是否标准，这些也不会影响他们把自己的思想传播给更多的人。这就说明，演讲自诞生之日起，就是为传播思想服务的。

所以，演讲和聊天的区别不在于表面形式，而在于目的性和指向性。谁说演讲不可以像聊天一样随意呢？演讲就是纸老虎，掌握了演讲的精髓，你随时随地可以驾驭演讲，无论是坐着还是站着，无论是在舞台上还是在舞台下，无论是在生活中还是在工作中。

❷ ＞ 好的演讲产生于即兴，但源于内驱力

什么是“即兴”？“即”代表着即时、当下；“兴”代表着发出、创造，是因外部刺激而引发的内在冲动。

在我们的生活中，演讲几乎无处不在，而且多数情况下都需要即兴发言，我们有时候表现得好，有时候表现得不好。

比如，我们与客户见面，向客户推荐产品时；我们与家人围坐在餐桌前，交流今天的收获时；我们面对领导，汇报工作进度时……这些时刻，我们都是带有目的地在说话，也都是在演讲。恰恰是这种没有舞台、灯光、话筒的“演讲”，能够让我们放松下来，随性自然地表达自己的想法、观点。这才是最接近演讲本质的时刻，也是演讲最本真的状态。

但是，一旦我们把场景切换到舞台，事情就变得完全不同了：原本侃侃而谈的人，可能马上就变得无所适从、磕磕巴巴。当然，这一方面说明这个人具有一定的演讲潜能，同时也说明他对演讲场景的切换缺乏适应能力。如果我们无视这个场景切换，在众目睽睽之下也能找到与朋友轻松聊天的状态，那么我们就能够解决演讲中因为紧张而产生的各种问题了。

事实上，我们看到的很多优秀演讲家都是这样，无论多大的舞台，面对多少观众，他们都能找到与朋友闲聊的状态，轻松自然，谈笑风生。所以，真正有吸引力的演讲，就是要找到自己与人聊天时那种最自然、最轻松的状态。

怎样找到这种状态呢？就是“即兴”，其中“兴”又是关键，它代表着演讲者内在的冲动与情感。这种冲动与情感可以是外界的刺激、对话题的兴趣，也可以是自己内心澎湃的情绪、表达的欲望，等等。

马丁·路德·金在街头对着民众高喊“我有一个梦想”的时候，他的每一句话、每一个字都是发自内心的。他说：“我梦想有一天，我的四个孩子将在一个不是以他们的肤色，而是以他们的品格优劣来评价他们的国度里生活……”在讲出这句话的时候，他的脑海中浮现出来的一定也是这样的画面。

闻一多在得知李公朴被暗杀后，拍案而起，怒而发表了“最后一次讲演”。在讲演中，他用近乎颤抖的声音怒斥反动派暗杀行为的无耻：“这几天，大家晓得，在昆明出现了历史上最卑劣、最无耻的事情！李先生究竟犯了什么罪，竟遭此毒手？他只不过用笔写写文章，用嘴说说话，而他所写的、所说的，都无非是一个没有失掉良心的中国人的话！……”

闻一多在讲出这些话时，他的胸中燃烧着怒火，事情的发展已经到了他不得不站出来发出正义之声的时候了。

时至今日，从这些演讲中，我们仍然能体会到演讲者或激动、或愤怒的情绪，这些情绪也一定深深地感染了在场的人。这些即兴的演讲，就是世界上最出色的演讲。

可见，“兴”就是激发你演讲的内在动力。言由心生，人的语言就是为了表达自己的内心感受，这也是语言真正的作用。正因为马丁·路德·金对种族平等事业的热情点燃了他的情绪，才带来了他的演讲；正因为闻一多得知李公朴被暗杀的噩耗，胸中怒火燃烧，才做出了这样一场演讲。这些演讲都是即兴的，只有对话题的热情才能让你真正有想说的欲望，也只有这种热情产生的力量，才能催生出最出色的演讲。

❸ > 好的演讲要有正确的目标，那就是思想的分享与传播

多年前，我曾参加过一次演讲比赛。当时我很自负，因为演讲一直都是我的热爱和特长，在大学期间和工作后，我陆续参加过多次演讲比赛，拿奖无数。所以对于那次比赛我是势在必得，当时只有一个目标：拿第一名。

接下来，我开始认真准备比赛，不仅把演讲词背得滚瓜烂熟，每天还要进行多次训练，要求自己表现完美，不能有一点儿闪失。

决赛那天，单位领导和我的家人都到现场给我加油助威，这既让我感动，又给了我很大的压力。我一直跟自己说：这次比赛只能赢，不能输！

我不知道自己是怎么走上舞台的，我只记得，说完第一

句话后，我就忘词了，我的大脑一片空白……最终我的演讲不得不草草收场。很显然，我失败了。

这次失败让我痛定思痛，也让我开始认真思考：演讲到底是什么？不得不承认，失败总是能让人清醒，更能让人成长。经过认真的反思，我最终明白：好的演讲绝不是为了表现自己，也不是为了某个功利性目标，而应该源于一种真诚的分享。而我一开始就没能为自己的演讲确立一个正确的目标和方向，只是奔着拿奖去的，最终一定是跌在奖牌之下。湖南省演讲与口才学会会长刘湘鄠先生曾在一次比赛的点评中说过这样一句话：演讲是为了传播自己的声音，比赛绝不是演讲的目的，如果为了荣誉而演讲，你就会远离演讲的荣誉。

一次好的演讲，既不是单纯为比赛，也不完全是为展示自己。演讲的本质应该是一种思想的分享和传播。不同的人，演讲水平可能有高低之分，但演讲内容没有，因为不同的演讲者带来的都是自己对生活不同的感悟和思考，这是演讲者送给观众的礼物，应该用一种分享的态度与观众交流。从观众的角度来说，他们更关注你会讲什么，你讲的内容是否有趣，你的观点是否有价值，而非谁讲得好、谁得第一名。如果在演讲中只为表现和竞争，就偏离了演讲的初衷。

有一位叫赵旭的高中语文老师，因为一次演讲而爆红网络。

她演讲的题目为“文化基因的唤醒人”，其中有一段是这样讲的：

“我所讲的《诗经》文化是之前高考从未考过的。但是，我要讲，因为我知道，那个能影响人一生的东西从来就不是什么考试重点，而是有文化的教育。如果教育都能忘记初心，那么孩子丢掉的将是他们自己！学生不知道如何表达自己心底的波澜，不知道自己将要成为这个国家新时代的主人，……他们只知道低头学习别人教给他的考试重点，却不了解知识背后的文化。他们生怕自己输在起跑线上，却一个接一个地倒在了终点线前……这不是我们要的教育！真正的教育，给人的绝不仅仅是知识，还要给你诗和远方，还要给你发现美的眼睛、向往美的心灵和创造美的双手。如果你是一位能将学生带到这种高度的老师，那么，你所做的教育，正是这个时代所呼唤的……”

赵旭老师的演讲，源于对生活的思考和感悟，她想要把这种思考表达出来，传播出去，让更多人知道语文学习的真正目标和意义是什么？这就是她演讲的目的。起心动念决定结果，这个演讲之所以爆红网络，我想正是她的这种内驱力带来的。所以，我们应该如何准备一个演讲？或许我们更该问问自己，我们为什么要演讲？

演讲是“术”与“道”的结合

很多参加过演讲的朋友都有过这样的经历：在演讲前，都会先查阅大量的资料，然后绞尽脑汁地进行创作，只为写出一篇完美的演讲稿。接下来，为了能在演讲台上呈现出最好的状态，又会花很多时间把演讲稿背下来，甚至还会在朋友、家人面前反复试讲，直到自己满意为止。到了这时候，虽然还稍有担心，但充分准备确实是一剂强心针，可以让我们对自己的演讲更有信心。

可是，很多时候，当真正站在演讲台上，面对下面的观众，把演讲稿内容一字不差地呈现出来后，我们却发现效果并没有自己想象的那么好：观众要么无动于衷，要么昏昏欲睡。明明自己准备得非常充分了，舞台呈现的自我感觉也不错，为什么没能达到自己期望的效果呢？

在现实生活中，这样的例子并不少见，我身边就有很多人跟我“诉苦”:“老师，我觉得自己的演讲已经很好了，不敢说完美吧，也不至于差到让观众完全无视呀！我的问题到底出在哪里呢?”

在跟对方沟通后，我基本都能发现一些问题，而且绝大多数问题都是一样的，那就是演讲者没有真正掌握演讲的方法。

如果说厨师是运用调味品的高手，那么演讲家就是调动情绪的高手。“情绪”就是演讲中的调味品，演讲者只有准确地预料和把握观众的情绪，才能在演讲过程中营造出最佳的氛围，从而让演讲变得精彩、出色。

如果你喜欢烹饪，你应该有过这样的经历：在一道菜出锅前，我们都会品尝一下味道。那么在演讲之前，我们也要“品尝”一下自己的“演讲味道”。只有你认可自己的演讲，你的演讲内容足够打动自己，才可能打动别人。这是最基本的道理。

然而在现实生活中，我们常常看到那种刻板的、不真实的演讲。我不知道演讲者是否事先“品尝”过，是否被自己打动过，是否认可了自己的演讲。如果连自己都说服不了，又怎么能说服别人呢?

还有一些时候，演讲者为了表现自己，会有所欺瞒，言不由衷，表现出来的也并非自己真实的样子。我认为这也是不好的。演讲必须真实，你必须真诚地面对自己，不欺不瞒不焦躁，这样才能将心比心，真诚地面对别人。所以，演讲者必须具备良好的心态和良好的修养，还要有开放的、分享的心态。这是演讲之“道”。

所以说，学习演讲其实不难。以我个人的经验来看，演讲的学习可以分为“术”和“道”两个不同的阶段和层面。

我们都看过武侠小说或武侠影视剧，其中的武林高手来自不同的门派，使用的武器也不一样，招式各有不同，但他们都有一个共同点——拥有深厚的内功。武林离手除了有深不可测的内功，在招式上也不限于某一个门派，而是博采众长，融会贯通，大道至简，灵活机动，看似无招胜有招。这就是“术”完全融于“道”的结果，是为大师。

其实从某种层面上来说，演讲与练武异曲同工，所有的招式都只是外在的形态，是“术”的层面，比如演讲的形态、礼仪、台风、声音、手势、表达套路等。有了“术”，我们可以解决很多生活和工作中的演讲问题。同时，我们还要修炼内功，因为只有深厚的内功才是“道”。一个武者，如果缺乏深厚的内功，招式就只是轻飘飘的花拳绣腿，只有承载着力量的招式才能起到攻击敌人的作用。而一个演讲者的内功就来源于他的阅历、对生活的观察和思考、强大的内心、开放的心态，这是“道”，需要长期的修炼和积累。“术”可以学，但“道”只能悟。

演讲的根本使命是传播，是打通语言表达的最后一公里，让你实现质的飞跃，所以我们在苦练演讲之“术”的同时，还应积极加强自身积累，夯实知识底蕴，增强内心力量，体悟演讲之“道”。一手抓“硬”，一手抓“软”，两手都要抓，才能学好演讲，真正掌握演讲的奥秘。

此外，学习演讲还有几个基本知识需要了解。

❶ > 演讲不是声音与表达的训练，而是思维方式的训练

一个演讲者所具备的演讲能力，说到底就是这个人的思维能力。我们常说“言由心生”，意思是说，一个人的语言表达最终都落在这个人的思维模式、思想深度、性格气质和心理素质上。所以，一个优秀的演讲者所表现出来的不仅是嘴皮子溜或台风稳健，更是演讲内容深刻、思维连贯、语言有力、推理缜密，而且能够体现出强烈的社会责任感。

大家应该都看过TED演讲。TED的全称是“Technology、Entertainment、Design”，中文翻译为“科技、娱乐与设计”。TED诞生于1984年，发起人是理查德·沃曼。

TED演讲的特点之一就是“内容为王”，这一特点从其名称就可以看出来，完全是不同主题下思想的碰撞。每年3月，TED都会邀请全美优秀人物分享他们在科学、文学、音乐、设计等领域的思想。他们演讲的内容大多视角独特，例证新颖，很多观点和思想都是大家闻所未闻、见所未见的。

TED演讲的特点之二就是“真实简单”，一场演讲往往只有十几分钟，没有宏大的舞台，没有复杂的背景、配乐等，对服装、声音、台风等也没有要求，给演讲者充分的自由。但是，恰恰是这种纯粹的演讲，成就了TED演讲以思想感染人、以新观点影响世界的独特魅力。

TED 演讲的成功，给了我们一个启示：演讲并非声音和表达的训练，而是思想和观点的传递。从这个角度来说，人人皆可演讲，处处皆有演讲，只要你对生活有思考，对这个世界有独特的观点和理解，就可以站上舞台，成为一个演讲者。那么，我们具体要如何表达呢？这就涉及思维训练的问题。当演讲的思维成为一种习惯，你就会逐渐成为一个思路清晰的人，这不仅体现在一个人的说话中，也体现在一个人的行事风格中，甚至你看待事情和处理问题的角度也会发生改变。而思维的训练，其实就是从“术”到“道”的转变。

❷ ＞ 演讲是“练”出来的，不是“学”出来的

我们常常说“学演讲”，但真正好的演讲不是“学”出来的，而是“练”出来的。演讲是一种实用型技能，就像游泳一样，你掌握再多的理论知识也没用，如果不自己跳入水中去尝试，你永远学不会游泳。所以，教演讲的不叫“老师”，而叫“教练”，原因就在于演讲是三分学、七分练。

有的朋友可能会问：“怎样才能练好演讲呢？我每天在家对着镜子练习，或者找个没人的会议室练习，行不行呢？”

我想说的是，练习演讲一定要掌握科学的方法。仍然用学游泳类比，你在家里对着镜子练，在空旷的房间里练，效果都会打折扣。原因很简单，因为这不是真的“下水”，这只是在模拟水中

的状态，与真的下水练习是不一样的。

在现场演讲中，演讲者会遇到很多突发情况，这些都是无法预料，更无法模拟的。只有真正站到演讲台上，面对观众，我们才能感受到什么是真实的演讲，这时的练习才会有效。毫不夸张地说，一次真正上台演讲的体验，胜过无数次私下的模拟练习。这也是那位焊接工人能在两个月内实现从“量”到“质”的飞跃，在三个月内找到最佳演讲状态的主要原因。

说到这里，你可能又会问了：“我去哪里找这么多的演讲实践机会呢？”

实际上，这种机会很多，只不过大多数时候我们害怕失败，不敢主动尝试，不敢迈出第一步。对大学生来说，在课堂上举手回答问题就是一次练习的机会，如果你愿意参加学校的演讲比赛，那当然更好；对职场人士来说，在会议上介绍项目就是一次很好的练习，如果你愿意挑战自己，参加岗位竞聘，那当然更好；对企业家来说，在员工面前发表讲话无疑是最好的练习，如果你愿意亲自发布产品，树立企业形象，那当然更好。

如果这些机会你都没有，那么你也可以把跟朋友聊天当成一次演讲练习，或者把向家人、孩子分享知识当成一次练习。不用在乎是坐着还是站着，也不用在乎你讲得好不好，只要勇敢，便有成长。演讲的机会无处不在，只要你愿意打开自己，勇敢尝试，生活中永远不缺机会。

带着内驱力去演讲，你也能成为高手

我曾经看过一部电视剧，里面有一位生物学家，他患有严重的口吃，在日常交流中，他很难顺利地说出一句完整的话。但奇怪的是，当他谈起自己在西藏研究藏羚羊的经历时，竟然没有任何表达障碍，不仅语言生动灵活，而且眼睛还会放光，完全忘记了自己是一个口吃患者。

为什么在一个人身上会有两种截然不同的表现？

很简单，因为有情感在里面。一个人只有面对自己真正热爱的东西时，才会沉浸其中，忘记一切。这就是我们演讲时应该追求的状态。

与我们今天看到的各种演讲相比，一些历史上经典演讲的最大特点在于：演讲者的语言可能没有多么优美，姿态也没有多么生动，但他们对自己演讲的话题充满了热情。而情感既可以激发出一个人的潜能，又可以感染到身边的听众。当你的内心充满某种情感时，你只需要跟随自己的内心进行演讲就够了，甚至不需要在意你的手势、声音或用词，同样可以感染人。

在《我是演说家》第一季中，演员张卫健做了一番演讲，题目叫“说话改变命运”。其中有一段是这样说的：

“……当时我碰到一位香港制作人，他找我拍一部戏，让我开个价，我就给了他一个很合理的价格，然后他是这么跟我说的：‘多少钱？卫健，你不要以为你演完孙悟空，在香港很红。我告诉你，你在内地知名度为零。送你一句话吧，记住：你的脸上没毛呢，你是不值钱的！’听了这句话后，我感觉好像有把刀插入我的心脏一样。……我跟自己说：放下！放下你以前在香港做出的一切成绩。以前——你是个腕儿，现在——不是，将来——不知道。如果你想再次成为一个腕儿，现在要做的事只有八个字，就是：努力，努力，努力，努力！”

张卫健的这次演讲非常成功，原因就在于他对自己演讲话题的热情。他用真情实感讲述了自己在成名前后的经历，这应该是藏在他内心深处、让他难以忘怀的一段经历，这种感受会激发他强烈的表达欲望，促使他把自己的故事、想法呈现出来，传达给每一位观众。

我们常常羡慕那些在舞台上自由畅谈的演讲者，觉得他们的演讲充满魅力，觉得他们在舞台上就像一个发光体。这种充满感染力的演讲并不是“演”出来的，而是演讲者对自己演讲的话题充满了炽热的情感，在这种情感的驱动下，他们会迫不及待地把自己知道的一切分享给观众。我把这种内在的情感或欲望称为演讲者的“内因驱动力”，简称“内驱力”。不要小看这个“内驱力”，它可是你学习演讲最核心和最宝贵的东西。

❶ > 演讲不是被动地“讲”，而是主动、源发、内在的情感爆发

印度瑜伽之祖帕坦伽利曾说：“当你被远大的目标、非凡的计划所激励时，你的思维就会打破束缚，意识就会向各个方向扩散，你会发现自己进入了一个美妙、神奇的新世界。休眠的力量、才能和天赋都苏醒过来，你将发现自己比梦想中的还要强大。”

同样，一个人当发自内心地想要表达，有满肚子的话不吐不快的时候，是不需要任何技巧的，他可以声情并茂地表达，无论是重音、情绪、音调，无一不真实生动，打动人心。这也是为什么好的演员都需要通过想象来揣摩角色在真实场景下的真实反应来进行表演。

也就是说，优秀的演讲不是被动的，而是主动的，是源发的，是内在的。说得直白一点，只有当你对一件事充满了热情，你才会有分享的欲望。当演讲者对某个话题充满热情的时候，也就是他表现出最佳状态的时候。

❷ ＞ 演讲就是找到你热爱的事情，把它分享给别人

苹果公司前首席执行官史蒂夫·乔布斯在他最后一次公众演讲中，曾经说过这样一句让人心潮澎湃的话："科技和艺术的结合让我们的心灵歌唱。"

这也是乔布斯终其一生创建苹果产品的"内驱力"。追求"科技和艺术的结合"就是他的热情所在，也是他的每一次产品发布会演讲都能令人叹为观止的原因，因为每一件新的产品都是乔布斯送给自己的礼物，都能令他的心灵歌唱。当一个人的心灵都在歌唱的时候，他的魅力自然是无法阻挡的。

如果从这个角度来看演讲，你会发现，演讲其实很简单，你完全不需要把它当成一件神秘的或高不可攀的事情，而且我们每个人都具备出色的演讲潜力。我们要做的，就是找到那件我们热爱的事情，把它分享给别人。

优秀的演讲，感动观众的从来不是演讲者的语言，而是演讲者的情感。所以我常说，真正的舞台就在你的心里，只要你能找到那个"兴趣盎然"的点，找到能让你的心灵为之歌唱的东西，你就找到了那把打开演讲大门的钥匙。

第二章

准备工作：有备而“战”才能出口成章

卡内基曾说：“演讲者只有做了充分的准备，才有自信的资格。”作为一名演讲者，你知道演讲前需要做哪些准备工作吗？很多时候，必要的准备工作，比如明确演讲的目标、立意、话题，收集整理演讲的素材，确定演讲稿的架构与语言风格，准备演讲要用到的道具等，会让我们在演讲时收获意想不到的效果。

方向：明确演讲的目标

在任何一次演讲的准备阶段，我们都要先问问自己为什么要演讲，因为演讲不只是在舞台上，还可能在生活中。人生处处是考场，你需要随时随地运用出色的语言表达能力来解决问题、推进工作、表达情感、结交伙伴……所以，我们需要谨慎地确定自己演讲的目标。

很多人在接到演讲任务时，马上就开始准备材料，写演讲稿，但通常准备了一堆素材却没有重点，什么都想说，但又感觉什么都没说明白，不知道该从何处下手。

为什么会出现这样的情况呢？原因就在于没有明确的演讲方向和目标。在准备演讲之前，我们必须思考一下自己为什么演讲，这是非常关键的一步。

日本有一位名叫大谷由里子的讲师，在她的一本名为《拿起麦克风就能说——一次演讲改变未来》的书中，她谈到了自己的职业选择。她一开始在日本一家艺能公司担任经纪人，后来因为创业需要开始接触演讲，此后逐渐将演讲当成了自己的职业。她在书中写道：

“我希望有越来越多心灵充满活力的人，倘若自己的心灵缺乏活力，就无法好好照顾别人，也无法认真思考家事、国事、天下事。因此，我坚持要当一个‘为人们的心灵注入活力’的讲师，让眼前的观众笑着回家。我希望他们回家时能这样想：‘从今天开始，我要振作起来！’这就是我的目的。”

给人带来快乐，就是大谷女士的演讲目标。在这个目标的指引下，大谷女士用演讲给很多人带来了快乐、活力和重拾生活的信心。

明确了演讲目标后，你在准备演讲时才会更有针对性。

那么，我们该怎样来确定自己的演讲目标呢？或者说，你认为自己演讲的目标应该是什么？是像大谷女士一样，给观众带来快乐，还是跟观众分享你的某些观点？是为了聊天交流感情，还是为了说服客户？是渴望被投资人认可，还是希望自己的产品被顾客喜欢？

这些都是目标，也是我们在演讲时希望达到的效果。但是，这些效果又不完全等同于目标。对于演讲的目标，我认为可以分两个层面——战略层面和战术层面。其中，战略层面是你的演讲方向，战术层面是你演讲时所运用的具体方法。简而言之，就是演讲既要有“战略层面”的大目标，也要有“战术层面”的小目标。

❶ > 演讲中的大目标：建立信任

无论哪种形式的演讲，大目标基本都是一致的，那就是通过演讲获得信任，进而达到说服观众的目的。

美国作家、诗人马娅·安杰卢曾说过一句话：“人们会忘记你说过的话，忘记你做过的事，但决不会忘记你带给他们的感觉。”“感觉”这个东西很玄妙，不仅仅因为你说了什么话，也许还包括你说话时的状态、你的声音、你的服饰、你周围的环境……这就不得不说到“信任”。

“信任”是一种感觉，有时我们也把这种感觉称为“第一印象”。要弄清演讲为什么首先要建立信任，我们必须先思考另一个问题：为什么重要的事情需要见面谈？

在这个充满智能化的时代，信息传递手段越来越多，文字、图片、语音、视频已经让我们的沟通变得无比便捷。但是，为什么遇到重要的事情时我们还是会选择见面沟通？为什么现在找工作还是需要面试？为什么比起上网课，学生们更愿意坐在教室里上课？原因就在于面对面说话有着不可替代的意义，它可以让一个人展现得更立体、更直观、更真实、更准确，你的眼神、叹息、表情，你的声音、发型、气息，无不透露出你的真实状态。而真实，才是人与人之间建立信任的基础。

所以，所有的演讲，无论什么内容和形式，获取观众的信任都是成功的基础。有了信任，你的演讲才能让观众心悦诚服，继而接受你的观点。这是演讲的最高境界。

由此，建立信任，达到说服的目的，就是你准备一场演讲时的大方向，也是演讲战略层面的大目标。

❷ > 演讲的小目标：把握三个原则

为了建立信任，我们还需要运用一些具体方法，这就是演讲中战术层面的小目标。

演讲的小目标要更具体，可操作性更强。比如在面试时，如果你渴望被录取，那么建立信任的方法不仅体现在你的材料准备上，同时你的表述还必须能针对职位体现出你的实力和价值。再比如做产品推介时，如果你希望能够吸引观众购买，建立信任的方法就体现在眼见为实的产品演示、产品特色和优势以及同类比较上。

明确了信任感的大方向和重要性，你才能找到确定演讲战术层面的小目标。

总体来说，在确定演讲小目标时必须把握三个原则：

- 了解观众。
- 切合实际。
- 少比多好。

（1）了解观众永远是演讲设定小目标的第一步

我们知道，中医治病讲究“望闻问切”，这是医生对症下药的重要依据，而演讲就是一个“对症下药”的过程。观众为什么要听你的演讲？因为他们有需要解决的问题。在演讲中，你就是“医者”，观众就是“患者”，只有通过“望闻问切”了解观众需求，继而恰到好处地解决观众的问题，你的演讲才能水到渠成。

比如在面试时，我们首先要研究面试官的心理，他问的每一个问题背后可能都有一定的深意。如果我们能站在他的立场上思考问题，就会更容易找到回答问题的最佳方式。

创业路演也是一样，从投资人的心理来考虑问题，你会更清楚地了解自己演讲时应该侧重讲什么。如果只知道自顾自地讲项目，显然不是一场有规划的演讲，成功的概率也不会太高。

关于如何了解观众的需求，我们会在下一节详细探讨，这里暂不赘述。

（2）你的演讲目标一定要切合实际

怎样才算目标切合实际呢？

很简单，就是你设定的小目标难度不要太大。任何目标的设定都是奔着实现去的，不能实现的目标不是目标，而是妄想。就像我们平时制订计划一样，自己想得很美好，但计划太严苛，难以实现，这样的计划显然是无效的。

就拿我参加演讲比赛失败的那件事来说，我一开始给自己设定的目标就太严苛了，必须拿第一。在实现过程中，稍有闪失就会与这个目标失之交臂，在这种巨大的压力之下，往往会事与愿违。

相反，如果我一开始给自己设定的目标就是重在参与、学习交流，把着眼点放在完整表述自己的观点上，我可能就不会那么紧张，自然也就不会导致最后的失误了。

所以，小目标不能偏紧，要适当宽松，易于实现，这样才更有意义。

（3）演讲的小目标不要超过三个

我先问大家一个问题：从小到大，你一定听过很多场演讲，那你还记得哪些演讲呢？那些演讲给你留下了什么样的印象？

当思考这两个问题的时候你会发现，自己能够回想起的演讲寥寥无几。即使是最近听过的演讲，具体演讲内容可能也已经模糊不清了。

这就是观众最真实的感受。

因此，作为演讲者，我们在一场演讲中能打造出一两个亮点让人记住，就已经很不容易了。如果讲的内容很多，又希望观众记住所有要点，这几乎是不可能的。这就提醒我们，演讲的小目标不能贪多，你想让观众记住什么，可以先罗列出来，但最好不要超过三个，有些时候甚至强调一个点就足够了。

> 乔布斯在新品发布会上，每次都只推一个亮点。
>
> 在介绍 iPod 时，他只重点强调内存之大。他说：“这是一个能触动心灵的设备，当某一个东西能触碰到心灵的时候，它就变得意义非凡。这是一款音乐播放设备，也就是能在你的口袋里放下 1000 首歌。”接着，他从自己的牛仔裤口袋里拿出了 iPod。这一刻，全场燃爆。
>
> 在介绍 Match Book Air 时，乔布斯则只强调“超薄易携带”这一点。他先回顾了计算机发展的历史，在谈到最初的计算机体积巨大的时候，他话锋一转，说：“我想给你们一个忠告，永远都不要相信一台你带不走的计算机。”接着，他从一个很薄的牛皮纸档案袋里拿出了这台超薄的 Match Book Air，立即引来现场观众的阵阵尖叫。

可以说，乔布斯的新品发布会从来都是演讲跟产品一样精彩，他的发布会演讲就像苹果产品一样，追求的是艺术和极致。

这也说明了一个道理：真正好的演讲一定是聚焦的。如果你希望打造一场让人难忘的演讲，你的目标就必须少而精。如果眉毛胡子一把抓，那么最后的结果很可能是观众什么也看不见，什么也没记住。

总而言之，演讲的目标必须明确、精练。在准备阶段，把你想要达到的目标精简一下，重点打造一两个要点，这是最实际、最有效的做法。而演讲的最终效果，也一直隐藏在你最初设定的目标之中。

立意：了解观众需求

我们常说，演讲就是把自己的思想装进别人的脑袋里。既然如此，在“装”之前，我们就要弄清楚对方的需求是什么。所谓“知彼知己，百战不殆”，在了解的基础上制订“作战计划”，才更容易达到目的。

演讲的根本在于对人性的把握。一名优秀的演讲者，很容易就可以让别人接受自己的观点；顶级的演讲者，甚至能做到“掌控”别人。所以我们会看到，历史上一些著名的政治家、军事家的演讲总是能令听者心潮澎湃、激动不已，心甘情愿地跟随他们，一场出色的演讲甚至能改变对演讲者不利的局面。

这就是抓住了观众内心的真正需要，继而“投其所好”，赢得观众的信任和喜欢，从而让他们接受自己的观点。因此，观众的需求才是整个演讲的重点，需求与给予相匹配，才符合效率原则。

为了做好演讲，你可能辛辛苦苦准备了很多天，阅读了大量文献资料，做了几十页的PPT，罗列了各种数据、图表；为避免忘词，你还反复排练……结果演讲当天，你在台上讲得口干舌燥，台下的观众却听得昏昏欲睡，顿时会让你觉得努力都白费了。我经常说“观众就是裁判”。“裁判”说好，你的演讲才有价值；观众不认同，你讲得天花乱坠也没有意义，这样的演讲就是无效沟通，只会浪费彼此的时间。

那么，我们需要从哪些方面来了解观众需求，避免演讲时的无效沟通呢？我认为可以从以下五个方面入手。

❶ > 用户画像

你的观众是中国人还是外国人？有没有少数民族？他们的职业都是什么？……不同国家、不同民族、不同职业的人有不同的文化和价值观，演讲者应针对不同的观众群体来准备自己的演讲，甚至在说幽默段子时，也要考虑到不同人的笑点是不一样的。

我曾经参加过一个演讲，那是一次经济学论坛。当时现场的观众类型比较复杂，来自多个国家和地区，种族也各不相同。其中有一位演讲者就做得很好，他在开场前做了一次现场调研，采访了不同民族和地区的人对同一个问题的看法，比如花钱方式。

我们知道，美国人是不怎么热衷存钱的，而中国人最爱存钱，所以在花钱这个问题上，美国人喜欢旅游消费买买买，把钱用在吃喝玩乐上，中国人则更喜欢把钱存进银行，或者换成不动产，这就是东西方不同消费观念的碰撞。这位演讲者以此调研为基础，引出了自己所要阐述的经济学话题。他的这种做法就是很好地利用了现场观众的不同文化背景，带动了现场的气氛。

2 > 年龄圈层

不同年龄圈层的观众对演讲语言、演讲内容的需求也是不同的。一般年轻人更关心时尚类话题，喜欢聊梦想，有喜欢的偶像，爱使用网络语言；而中年人更关心事业和家庭，重视教育，对经济和政治局势更感兴趣，关心切身利益，喜欢传统的语言形式。在这种差异下，我们就要根据年龄圈层来确定自己的演讲主题、故事案例、语言风格，甚至语速和演讲的状态都要有所不同。

2009 年，美国前总统奥巴马在某中学的开学典礼上，发表了题为“我们为什么要上学”的演讲。在演讲中，无论是语言风格，还是案例选用，都非常贴近青少年学生。比如在演讲开场时，他跟所有观众打招呼：“嗨，大家好！你们今天过得怎么样？我现在和弗吉尼亚州阿林顿郡韦克菲尔德高中的学生们在一起，全国各地也有从幼儿园到高三的众多学生通过电视关注这里，我很高兴你们能共同分享这一时刻。”

在语言风格上，他也没有用复杂高深的词句，比如：“今天是开学的第一天，你们中的一些人刚刚进入幼儿园或升上初高中，……假如你们感到有些紧张，那也是很正常的。……无论你有多大、在读哪个年级，许多人都打心底里希望现在还在放暑假，以及今天不用那么早起床。”

在案例选择上，他提到了一个青少年都很喜欢的美国球星蒂姆·斯帕塞，引起现场阵阵尖叫，在学生面前呈现了一个鲜活生动接地气的总统形象。他还讲到自己小时候求学的故事、遇到的艰难和选择，讲到了很多优秀人物的童年。这样的案例都非常适合青少年。

❸ > 性别构成

都说男人和女人是来自不同星球的两种生物，思维方式、语言习惯、生活观念等都大不相同。女性大多更感性、细腻，男性则大多更理智、粗放。假如你开设的演讲是性别专场，比如女性课堂，那么你演讲的内容就要选取女性更感兴趣的话题和案例，如家庭、孩子、时尚、生活美学等。年轻的女性聊天，一只口红就能打开话匣子；年轻妈妈之间，只要谈到孩子，就有说不完的话题。而男人之间的聊天，没有什么不是一辆汽车不能开启的。

除了性别专场，有时你的演讲受众里可能男女都有，如果男女性别占比有明显倾斜，那么你就要更倾向于占比高的人群，但也要适当考虑另一个性别的感受。这就像在餐桌上讲段子一样，如果有女性在场，有些段子就不适合讲，讲了就是不尊重。

❹ > 职业特征

有时候，我们的演讲活动是在自己公司内部进行的，同事就是观众，这时演讲内容就要贴近实际工作，要讲大家熟悉的人物和案例。

但是，如果你的演讲是针对某个特定行业，比如医疗系统或互联网公司，就要有明显区别。医生作为专业技术人员，更理性、谨慎，关注科学数据；而互联网从业者思维更跳跃，对流行趋势和热点事件更敏感。这时你的演讲内容就要有所区别，至少在开场方式和案例上要有不同。

❺ > 主办方预期

在大多数情况下，我们的演讲都是有要求的，或围绕某个主题，或突出某个观点，这些要求都来自主办方。也就是说，每一次演讲活动都需要达到某个目的，这也是演讲活动的意义和价值。同时主办方也希望观众通过听演讲，明白举办这个活动的目的和意义。

同样，作为一名演讲者，当被邀请参加一次演讲活动时，我们即使知道了活动主题，也要跟主办方进行详细沟通，弄清这次活动想要表达什么、突出什么、达成什么目标，然后再有针对性地准备演讲内容，以期更好地达成目标。

> 大家应该听过小米10周年时雷军的演讲，整个演讲历时4小时，算是一场很长的演讲了。但通过分析，我们不难洞悉出这场演讲背后的目的和意义。雷军从一碗小米粥讲起，通过对小米10年成长经历的梳理，让观众了解了小米的精神内核、品牌价值观和追求的目标等。
>
> 这10年里发生了很多事，为什么雷军选择讲这几件事？很显然，这些故事是带着特定使命出现在演讲中的，每个故事都呈现出小米的不同特点和价值取向。这就是雷军的演讲要告诉观众的东西。

我每次出去参加讲座时，也会做同样的准备，事先跟主办方沟通清楚。比如我在给领导干部讲演讲课时，有的主办方倾向于沟通类，有的则倾向于公众讲话类，有的更注重演讲活动的组织类。只有事先沟通好，准备起来才更有针对性，也更容易达到预期效果。

从以上几方面对观众需求进行分析后，接下来我们就要做一项很重要的准备，即认真思考观众群体对某个话题可能产生的想法。比如关于梦想的话题，不同年龄段的人可能会有不同的理解，通过事先分析观众对该话题的理解，再有的放矢地准备，传递自己的见解；或者设计几个问题在演讲开场时与观众互动，以此了解他们对该话题的理解。

但有一点要注意，就是必须对观众可能给出什么样的答案有预估，对不同的答案，我们要做出不同的应对。做好这些准备，将有助于我们对观点进行创新和突破，从而传递给观众一些让他们惊喜的东西，也传达出我们独到的认知，这是非常重要的一步。

话题：从观众角度策划内容

经常有人问我："老师，当遇到一个可以上台演讲的机会，却不知道该讲什么时，怎么办呢？"

是啊，机会的大门都向你敞开了，怎么才能成功把握呢？

学校组织一个传播正能量的演讲比赛，你也想去试一试；公司组织一个研讨会，你作为公司的新人，领导想听听你的想法；在一个情感沙龙中，导师邀请你就某个情感问题谈一谈自己的见解；你是一位社会公益人士，被邀请参加一次公益活动，需要进行 15 分钟的分享……这些时候，最让你头疼的是什么？我相信，有 90% 的人都会被一个问题难倒：我该讲什么？

每一次演讲，虽然会有大的主题，但我们还是应该先明确自己要讲的具体内容，或许是一个观点，或许是一种态度，或许是一个故事……只有明确了自己要表达什么、目标指向是什么，才能确定话题的核心思想和目标，你的演讲才有中心轴，才有灵魂。

与此同时，还要像我在前文提到的那样，根据观众需求确定自己的演讲内容，但很多时候我们可能无法对观众做出具体分析。比如参加一次演讲比赛，或是参加电视演讲活动，你也弄不清观众群体都有哪些人，观众对我们而言只是泛泛的存在。在这种情况下，我们是不是就不用“研究观众”了呢？

当然不是。在任何时候，演讲者都不能跳过“研究观众需求”这一步，只不过这时候我们研究的不再是某个观众群体，而是大多数观众。我们要解决的一个重要问题就是：什么样的演讲能取悦大多数观众？

要回答这个问题，你要先问问自己：“什么样的演讲能取悦我？”

我曾经在 TED 上听过一场演讲，演讲者是哈佛大学的一个学者，他给大家介绍了自己的一个研究项目——关于人的寿命长短到底与什么因素有关的实验。在演讲中，他告诉大家，哈佛大学的这个实验已经历了几代人，持续了 80 多年，跟踪了很多个普通的美国家庭。演讲者就像剥竹笋一样，一点点罗列现象，一层层推理论证，最后给出结论：他们发现人的长寿依赖于良好的心情，而好的情绪则来源于好的人际关系。

这个演讲非常有吸引力，不仅在于演讲者以层层剥笋的方式来探寻真相的演讲技巧，还在于他讲述了一些实验者真实的生命故事，紧紧地抓住了观众的注意力，让整个演讲变得极具说服力，更在于他成功地把自己的观点根植到观众的脑中，这个观点就是：要想活得长寿，我们应该有好的人际关系。

首先，寿命是每个人都关心的话题，与每位观众的切身利益息息相关，所以这个话题天然具有吸引力；其次，这个研究结论可以指导人们的生活，是很有用的一个观点。演讲结束后，我相信很多观众都会意识到要改善或彻底改变自己原有的生活方式，对人际关系以及自我情绪的问题也会更加关注。这就是演讲者对观众行动的影响力。

所以，到底什么样的演讲最能取悦我们呢？就是满足我们的真实需求，与我们每个人的生活密切相关，并能给我们带来一定的改变的演讲。简而言之，就是演讲话题要与每个观众“有关”，并且对每个人都“有用”。

换句话说，如果你的演讲或者沟通内容并没有抓住观众或对方的需求，那么就很难吸引人，甚至会让人质疑你的能力。

有一次，我跟一位朋友去一家知名的美国公司谈合作。在会谈前，通常会为客户做个公司介绍，一番简单的寒暄后，我的朋友打开 PPT，开始了常规的公司介绍：

“我们公司成立于美国，在中国有两家分公司，目前专注于职场培训。公司总部已经在纽约纳斯达克上市，并且于去年成功收购了一系列培训公司，来扩大我们的业务……”

接着，朋友又介绍了一家英国公司的情况。这时，客户忽然不客气地打断他，说：“你介绍这些收购企业，跟我们的业务有什么关系呢？”

那一刻，气氛一下子变得尴尬起来。

很显然，这样的公司介绍就不太成功，因为没有关注客户真正想听的是什么。

解决问题是人类永恒的主题，这一点在演讲中同样适用。在演讲时，你所传达的内容要么符合人们的这个需求，要么符合那个需求，总之要与观众“相关”，对他们“有用”，这样才能吸引他们关注，吊起他们的“胃口”。

基于此，我们在准备演讲话题时，可以呈现出以下四个方面的内容。

❶ > 与人们基本生活相关的内容

很多有关产品推介的演讲都属于这一类。在演讲中，演讲者会说到自己的产品能帮助人们解决吃穿住用行等方面的各种问题。他们往往旗帜鲜明地举着“让你的生活更美好”的标牌，为人们的生活需求提供解决方案。这类以解决人们实际生活问题为主题的演讲内容总是备受关注，因为它们太“有用”了。

比如，小米手机的最大特点就是好用不贵、价格亲民。这也是小米 10 周年演讲里的一大观点，是小米提供给人们的美好生活解决方案。

❷ > 与道德和法制类话题有关的内容

这是关于人们生活安全感的话题。我们经常要宣传社会主义核心价值观，树立正确的道德伦理观，这与每个人都息息相关，因此这类演讲内容也可以唤起人们极大的共鸣。比如《今日说法》《焦点访谈》等法制类电视节目都深受观众喜爱，这类话题本身就很有吸引力。

❸ > 与情感有关的内容

这类话题在演讲中最为常见。人们都呼唤亲情、友情、爱情，向往美好的感情生活，但人们也需要了解如何在社交中维持良好的关系，处理自己遇到的情感、交往等问题，所以这类主题的演讲也能受到人们关注和喜爱。

《我是演说家》作为中国的演说类节目，涌现出了很多优秀的演讲人，比如从《奇葩说》走出来的辩手傅首尔。

在一期节目中，大家在讨论关于婚姻的话题，而她的辩题是：如果夫妻中的一方“开小差”，另一方该不该容忍？她选择的是正方。她的辩词是：“小差你要允许别人开，因为你不允许，他们也会开，忠诚是一种自我约束。好的婚姻是你在心里做好了准备，他有随时下车的权利，但他一直没有走。我问你们一个问题，是他被五花大绑，没办法下车，证明他爱你，还是他看尽了路边风景，不舍得下车？”

你看，她用一种最简单的比喻解释了一个深刻的道理，引发了人们的觉醒。与其他选手相比，傅首尔展示的更多的是从女性角度经营婚姻的智慧，是解决问题的思路。而且从某种程度上来说，她更接地气，更符合广大普通女性的实际需求，这让她的演讲具备了鼓舞人心的力量，也更受欢迎。

❹ ＞ 与人的价值和自我实现有关的内容

每个人都希望获得他人的信任和尊重，严格来说，这也是一种情感需求，只不过它更倾向于个人形象和地位的打造，关乎个人发展，就像人为什么想要成功一样，终极目的可能就是想体会成功带来的被人尊重和信任的感受。成功学的演讲总能让人热血沸腾，激励性的演讲总是具有煽动性的原因，就是其通过满足人的被尊重与自我实现的需求，激起了人们的奋斗热情。

在《我是演说家》的舞台上，还有一位演讲者让我印象深刻，她就是刘媛媛。她用一场火遍全国的“寒门再难出贵子”的演讲成功引起了人们的关注。而她的这场演讲之所以获得超高的关注度，我认为很重要的一点就在于她关注的话题——人的出身阶层与社会公正。

其中有一段是这样说的：“当我们每天为了考个好大学而埋头苦读的时候，有些人读完高中就轻松被父母花钱送到了国外；当我们为了留在一个单位而努力表现、不辞劳苦的时候，有些人一个电话就敲定了工作，根本不用担心前程；当我们加班到很晚还要一个人回到出租屋的时候，有些人房子有好几套什么都不用做只需要享受就行。”

这是具有时代特点的既敏感又深刻的话题。作为一个凭借自己努力考入北京大学的寒门子弟，她其实已经让大多数普通人看到了“寒门也能出贵子”的希望。其实无论是否出身寒门，大多数年轻人心中都有一个“自我实现”的奋斗梦，但一些人一出生就含着金钥匙，不用奋斗也能拥有一切，那么“读书”和“奋斗”的价值何在？

显然，这样的话题一说出口，马上就引发了观众的关注。

接着，刘媛媛又用自己的奋斗故事和充满正能量的积极向上的姿态告诉大家：“你要相信，命运给你一个比别人低的起点，是想让你用你的一生去奋斗出一个绝地反击的故事。”这样一来，不仅引起了社会的反思，也树立了正确的价值观导向，给了很多人改变命运的勇气和力量。

以上四个方面的内容基本上可以涵盖大多数的演讲。换句话说，演讲讲什么？就从这四个方面的内容里去选择。你的演讲要么能让人了解一个重要信息，学会一种解决问题的方法；要么能解决生活中的一个难题；要么能帮助人们获得某种情感；要么激励人、鼓舞人，为人的自我实现指明一条道路。总而言之，就是要“有用”，能够解决实际的问题。相反，所有“无用”的、不能解决实际问题的演讲话题和内容，都是在“自嗨”，对人们的生活没有实际指导意义，这样的演讲难以引起他人兴趣，更不可能让观众记住。

标题：瞬间抓住观众眼球

在演讲中，一个新颖、生动、恰当而又富有吸引力的标题，往往会决定观众是否愿意听你的演讲。那些成功的演讲，通常从标题上就能瞬间抓住观众的眼球，吊足观众的“胃口”，让观众在听到正式演讲内容之前，就已经期待不已了。这就像看一本书或听一个故事，在进入正文之前，一个好标题就能把你吸引住，让你不由自主地想要往下看、往下听，欲罢不能。

乔布斯在发布 iPhone 时，是这样宣布的：“今天，苹果公司重塑了手机！”

这就是一个非常优秀的标题，简单、易记、口语化，一下子就吸引了台下观众的注意力，让他们有兴趣继续听他下面的演讲。

所以，好的演讲标题就像演讲的眼睛一样，透过这双眼睛，观众能看到演讲内容中透出来的风景和光亮。但一个标题不可能涵盖全部内容，那么就要继续往下听，直到洞悉里面全部的美景。

说到这里，有人可能会说：“我也想给自己的演讲起个好标题，可怎么起呢？什么样的标题才是好标题呢？”

在我看来，一个好的演讲标题应该同时满足两个条件：一是好记，二是留白。标题好记，观众才能知道你要讲什么。但标题光好记还不行，缺少创意和趣味一定难以吸引观众，所以，标题要留给观众想象的空间，这就是留白。

那么，问题来了。前文我们提到，在演讲前要提前准备演讲稿，那我们是先写好内文再提炼标题，还是先命好标题再写内文呢？

要回答这个问题，我想用我在演讲实践中的一些体验跟大家交流一下。这些体验中也有我总结的提炼标题的几种方法，在这里一并分享给大家。

❶ > 摘要法：去粗取精，提炼精华

要了解这个方法，我先给大家讲一段我给一位演讲选手修改演讲稿的经历。

有一次，我为一个参加第二届魏源杯全国演讲大赛的选手修改演讲稿。当时，她演讲的是关于青春和奋斗的主题，演讲题目是“自强自立 彰显青春亮丽”，主要讲述了她如何从一场家庭变故中走出来，克服困难，自强自立，最终考上武汉大学，又凭借自己的努力在工作中取得成就的故事。

"自强自立 彰显青春亮丽"，这个标题虽然能基本概括她的演讲内容，但太长不好记，不能给人以想象的空间，难以激发人们想听的欲望。所以，我认为这个标题并不出彩。

为了提炼出一个好标题，我们对演讲内容进行了梳理：先把演讲大纲顺序概括出来，然后对每段故事进行概括性提炼，找到不同故事里共同的特征，再对这个共同特征进行形象化描述，最后落实到标题里。这样，标题的雏形就诞生了。

请大家看看我们整理的故事逻辑线：童年的快乐时光（金色）—遭遇家庭变故（灰色）—被寄养在亲戚家，努力学习，考上大学（红色）—努力工作，成就事业（彩色）。

那么，这条逻辑主线是怎么来的呢？

在她的演讲稿的第一段中，有这样一句话："我有一个小公主般的金色童年，那时候我是父母的掌上明珠，在别人眼里，我生活在蜜罐里……"

在这段话中，"金色"这个词一下就让我想到了用色彩来概括她在人生不同阶段的状态。童年是美好的、快乐的、小公主般的，是"金色的"；在遭遇家庭变故后，她的生活变成了"灰色"；但是她在逆境中奋斗，考上大学，我们用红色的大学录取通知书作为这个阶段奋斗的色彩，即"红色"；接着，她走上工作岗位，在工作中获得成就感、价值感，看到了生活的五彩缤纷，所以是"彩色"的，同时也将"彩色"

落脚在青春的颜色上。

通过这样的梳理、提炼，再经过反复修改、打磨，最终我们将演讲标题定为“我的青春底色”，用“底色”这个词作为她所有故事的概括，用绘画手法对演讲进行涂色处理。而且“底色”也是一种背景色，希望她能用不同的色彩来描绘更好的未来。

最终，她的这篇演讲稿获得了“最佳文采奖”。

通过上面的分析，大家能看到，这实际是用一种感性的方式对理性的主题进行描述，同时在演讲时配合 PPT 中的色调展示，可以令观众一目了然。同时，不同人生阶段对不同色彩的运用，也使整个文稿层次清晰。所以，“我的青春底色”这个标题既囊括了全文，又突出了主题，短小精湛，简洁自然。那么，青春的底色是什么样的呢？这又给了观众一个留白，使观众有了想象的空间。

这就是“摘要法”。简单来说，就是先对内容进行分析、拆解，去粗取精，在精华中再提炼出精华的过程，最终确定标题。

❷ > 悬念法：巧用留白，设置悬念

悬念法就是根据演讲内容，在标题中巧妙地设置悬念，充分调动观众的兴趣。类似的演讲标题如“这‘见鬼’的爱情”“我的

极品老板”等。

我经常给一些央企做演讲培训，有一次，一名中交二航局的员工拿了她的演讲稿请我修改。她要去参加企业的演讲比赛，主题是“不忘初心 牢记使命”，而她的演讲标题是“身着中交蓝 心是中交红”。标题倒是对仗工整，也算上口，但缺乏特色，也没有留白，在众多演讲标题中并不出彩。

于是，我们考虑重新拟一个标题。在对演讲内容进行分析后，我了解到她的演讲主要讲的是一名桥梁工程师的敬业故事，我发现她的稿子里有这样一句话：“他实现了桥梁误差从16厘米到2.5毫米的技术飞跃，为了这段距离，他付出了艰苦的努力……”这句话激发了我的灵感。

经过商讨，我把她的演讲标题改成了“从16厘米到2.5毫米”。而修改之后的演讲，也达到了我们预期的效果。

说实话，这个标题不算短，但胜在“留白”上。观众一看到这个标题，马上就会产生疑问：这两个数据是什么？彼此之间有什么关系？这个演讲到底会讲些什么？

所以，这个标题的精彩之处就在于它充分调动了观众的好奇心，给了观众悬念，就像一个带着包装纸的礼物盒，人们对盒子里的礼物充满了期待。这就是悬念法达到的效果。

③ > 观点法：代入观点，引人入胜

观点法与悬念法相似，但比悬念法用得更广泛，效果也更好。它的关键在于：标题本身就是一个观点，而这个观点最好与我们平常所讲的道理不同，让观众耳目一新；或者这个观点具有一定的争议性，能在观众中产生分歧，容易让观众产生疑问或质疑，然后演讲者再在演讲中对这个观点中的争议点进行解释说明，让观众恍然大悟。

在《超级演说家》这个节目中，就有许多演讲者运用观点法为自己的演讲设置标题，比如刘媛媛的“寒门再难出贵子”“no zuo no die”。尤其是“寒门再难出贵子”，这个演讲标题本身就很有争议性，也正因为有争议，才让观众感到好奇，想去进一步了解。

再比如，“女人何苦要运动”“不要假装孝顺”“别跟自己较劲”等，也都是运用了观点法。

④ > 设问法：提出问题，引发思考

设问法也是一种常用的方法，它是在标题中提出一个问题，引发人们的思考。

比如，在《我是演说家》这个节目中，有些选手的标题用的就是设问法，如“真正的文明是什么”“做一个怎样的子女”。在节目第一季中，刘嘉玲的演讲“女人应该怎样活着”，也是用设

问法设立的标题。

除了以上四种比较常用的方法，还有很多演讲标题命名法。汉语博大精深，汉语中所有的修辞手段都能成为我们为演讲命名的方法，夸张的名字展示出幽默，比喻的名字表现出可爱，对仗的名字看起来工整……

现在回到我们在这一节开头处提出的问题：到底是先有标题后有文稿，还是先有文稿后有标题呢？

答案是文无定法，各有利弊。如果你一开始就钟情于某个标题，也为之列好了提纲，找好了素材，那当然可以先有标题后有文稿。如果你喜欢大致找个方向，先成文稿，那就写完文稿再提炼标题。但不管用哪种方法，你的标题要想生动独特，都可以采用上述几种方法进行优化。总的原则就是：好标题不需多复杂，最简单的就是最高明的。只要你愿意用心思考，就能创造出一个属于你的最独特、最有创意的演讲标题。

素材：“自我”是一种特色

在第一章里，我们了解到，演讲的动力来源于演讲者的内驱力。当你有了表达的欲望后，根本不需要别人推着你，你自己就会产生表达的迫切需求。有了这个前提，你才需要考虑演讲过程中怎么说的问题。如果为了演讲而演讲，就很容易沦为表演。所以，真正的演讲始于演讲者表达的需求和欲望，只有你真的“想说”，渴望向这个世界发出自己的声音，你才具备了演讲的先决条件。

那么，我们怎样解决“想说”的问题呢？或者说，我们要为自己的演讲准备什么样的素材呢？

这一点跟每个演讲者对演讲话题的理解和选择有关。通常来说，人们更愿意说自己感兴趣或比较了解的话题，比如自己的工作、生活、兴趣爱好等。在与陌生人交流时，如果能找到共同话题，话匣子也能很快打开。

所以，在选择话题时，我们既要考虑观众的“口味”，还要让话题与自己的生活和工作相关。最基本的一点是，我们要对自己即将演讲的话题拥有热情和丰富的体验，这样才可能讲好。在这个基础上，再去选择演讲素材，就会得心应手了。

看到这里，或许有人会问："你不是说演讲前要了解观众需求吗？那我准备的素材到底是要以观众喜欢为主，还是要以我擅长的内容为主呢？"

关于这一点，我教给大家几个方法：

❶ > 将自己的经历、感受等作为演讲素材

在《我是演说家》这个节目中，每一期的每一个嘉宾所讲的主题虽然不同，但基本都跟自己的经历有关，分享的也都是自己对某个话题的真实看法。在这一前提下，每个演讲者所准备的素材就都有了自己的特色。一个人最大的特色便是自己的成长经历，这种经历是完全有别于他人的，并且也最有自己独特的感受和体验。

在 TED 演讲中，一位名叫舍温·努兰的神经外科医生跟观众分享了著名的电休克治疗法。电休克治疗法也叫严重精神疾病治疗法，包括直接向患者脑部输送电流等。在讲述过程中，舍温·努兰一直面带笑容，语言热情而幽默。

可是，讲到一半时，舍温·努兰突然停了下来，问道："你

们知道我为什么要跟你们分享这个故事吗？”

接着，他缓慢地说：“那是因为……大约30年前，我曾经接受过两个疗程的电休克治疗，从而重获新生……”

然后，舍温·努兰讲述了自己曾患抑郁症的那段不为人知的历史，当时他病得非常厉害，以至医生打算切除他的部分大脑。最后迫不得已，他们尝试使用了电休克疗法。经过20多次漫长的治疗，他被治愈了。

通过向观众坦诚地讲述自己的经历，舍温·努兰的演讲产生了非凡的力量。这样的演讲不扭捏、不造作、动人、动情，很容易把观众带入演讲者的世界。只有先打开自己的心扉，才能打开观众的心扉，也才能让观众“爱听”，并与你形成“共情”，随之感受你的快乐与悲伤，体验你的成长与幸福，与你形成联动。

所以说，无论什么主题的演讲，你最终都要回归到自己身上，通过自己的经历和思考表达出自己的观点。“自己”永远是你的演讲里最好的素材。

❷ > 平衡好你“想说”和观众“爱听”之间的素材比例

在一次公务员系统的演讲比赛辅导会上，一位学员问我：“老师，作为一个公务员，我们怎样才能在演讲中既体现个性，展示个人思想，又符合领导要求，说出领导想听的话呢？”

这个学员的问题既反映了很多政府机关和国有企事业单位的演讲者的心声，同时也反映了很多普通演讲者面对观众时的心声。因为自己“想说”的，恐怕未必是领导或观众“想听”的。那么，要如何把握好“想说”与“爱听”之间的平衡呢？

很多人在面对这个问题的时候，首先想到的就是去猜对方的心思，但是这种方法却收效不大。且不说你猜得准不准，即使你真的猜对了，在这种“猜猜猜”的目标指引下，你的演讲也失去了价值和意义。

每个人在听演讲的时候，其实都是渴望惊喜的，这就像我们过生日时拆礼物一样，有时我们自己也不知道喜欢什么，但是打开礼物之后很可能就会发现：哇，这个礼物真不错！所以，完全靠推测一个人的喜好去迎合对方，是没有任何惊喜可言的。与其如此，不如忠于自己的独立思考。

所以，我们在迎合听众口味的同时，更要尊重自己的观点和体验，不能为了刻意迎合他人而改变。也就是说，在这一点上，你“想说”的永远要高于观众“爱听”的。

❸ > 不要追求素材的完美，见解独特最重要

任何一个演讲者，不论多优秀，准备的素材多全面，在演讲时都不可能达到 100 分，因为听众对演讲的评判本来就带有主观性，所以我们只需要在自己的能力范围内尽力即可。

“想听”和“爱听”有时就像谈恋爱，为了让对方喜欢你，一味地迎合、讨好、妥协、顺从，他喜欢听什么你就说什么，他想要什么你就给什么，结果你很快就会迷失自我，最后对方还会觉得你无趣又无聊，可谓是费力不讨好。

好的爱情绝不是一味地迎合，而是彼此吸引、彼此成就。演讲也一样。我始终认为，不论是在爱情里，还是在演讲中，一个有智慧的人首先要找到自我。“自我”是一种特色，是你之所以是你而区别于其他人最大的不同。

为什么乔布斯的演讲会被很多人追捧？几乎每个企业家都想成为乔布斯，然而，他“一直被模仿，从未被超越”，乔布斯始终是独一无二的，因为他一直坚持做自己。

在做苹果手机的操作系统时，尽管当时苹果手机一直在小众世界里徘徊，乔布斯却始终坚信会有人欣赏他，他从来没有为了财富和利益改变自己的方向。最终的结果大家都知道了：触屏手机横空出世，惊艳世界，苹果操作系统一度霸占大半个世界。

乔布斯总是坚持独立思考，不断创新。他形成了自己独特的风格。他一改演讲只穿正装的传统，而是穿着T恤、牛仔裤、运动鞋上台演讲，却意外地带给听众一种轻松自由的感觉。

所以，人云亦云、刻意模仿、迎合奉承从来不是演讲者该做的事。我们可以学习一些优秀演讲者的经验，但也要不断寻找自己的风格。在准备素材方面，既可以参考其他演讲者的素材，更要坚持使用属于自己的独特素材，找到自己的风格和最适合自己的演讲状态。在自己的能力范围内，遵循演讲的规律，最大限度地做到真诚、真实，就是优秀的演讲。

结构：画好“地图”，搭建思维架构

著名主持人马东曾出版过一本书，书名叫《好好说话》，他在书中指出：“好好说话，其实是好好思考。”演讲能力考察的就是一个人的思维能力。你首先要有清晰的思路，才能讲出清晰的语言；你讲出的语言只有符合人们的思维特点，才更容易被听懂和接受。

所以，在准备一场演讲时，你必须先把思路理清，知道自己要讲什么。为了做好充分的准备，我们可以先从写演讲稿入手，这也是一个演讲者必备的能力。

不过，要写好一篇演讲稿，可不是拿起来就写，写到哪里算哪里，这样很容易导致逻辑混乱、层次不清。所以，在写演讲稿前，你需要先理清演讲的思路和要点。这就像你要去一个地方旅行，需要先规划好路线，知道什么时候该走到哪里、要走多长时间。如果你是初次演讲，可能需要把每个字、每句话都写出来；如果你已经是经验丰富的“老手”，可能只需拟订一个发言的框架和纲要就够了。这也说明，演讲的水平和能力取决于演讲者的思维架构能力和语言扩展能力。但不论怎样，在创作演讲稿时，一定要先进行思维架构的搭建。

根据以往的经验，我总结了几种比较实用的演讲思维架构，在这里分享给大家。

❶ > 演绎结构

演绎是议论文的一种论述方式，意思是根据论点来找论据。这种结构非常简单，最常见的表示方法就是“总—分—总”或“提出观点—论述观点—总结观点”。

这种演讲结构在辩论中最常用到，它的特点是：一开始就提出观点，可以开门见山，直接提出，也可以间接提出。比如，我们可以先“破”后“立”，提出一个传统的常规观点，然后否定它，再树立一个自己的新观点。这种创新观点也是演讲的一大看点。

在这种结构中，论述观点时一定要注意，切忌干巴巴地讲道理，最好用故事或自己的亲身经历来层层推进论点。如果一个大论点中包含很多小论点，还可以选择观众可能质疑的点进行具体论述，而这就需要事先充分的思考和布局。

在《我是演说家》中，冠军刘媛媛的夺冠演讲题目为“no zuo no die no life”，这篇演讲就采用了演绎式结构，有兴趣的朋友可以搜索一下这篇演讲的内容。我将她的论述推理过程画了一幅思维导图（见图1），通过这幅图，我们就能更清晰地了解她的演讲思维结构。

刘媛媛在这个演讲中，开场先提出观点：“大家都说no zuo no die，但我要说no zuo no die no life。”然后针对这个观点，她分别从三个角度进行论述。第一个角度，解释了“作”的定义，是不安现状的折腾。这里用了两个案例来论证，一个是刘媛媛自己的故事，一个是林义杰的故事。第二个角度，是站在观众的角度来分析这个问题，因为观众里大部分是年轻人，她就用了年轻人爱作的几个案例来阐述“作死总比安分守己地生活在格子里等死好”的观点。第三个角度，是站在反对者的角度，提出大家可能会反驳的理由：人生嘛，平平淡淡才是真，瞎作什么！然后针对这种反对的声音，提出自己的观点：一个没有把百酒尝遍的人，不大能懂得清水的滋味。一个没有看过大山大水大风大浪的人，他大概只会觉得日常生活平庸无聊，也不会感受到岁月静好。

最后，刘媛媛用发出倡议的方式总结和重申了观点：一个人，不管多老，都不要在剩下的生命里规规矩矩地等死，越老越要抓紧时间作，一个一辈子安分守己不敢作的人，从来也没有拥有过真正丰富的人生，因为no zuo no die no life。

这就是总—分—总的结构，非常简洁明了，在演讲当中使用非常普遍。

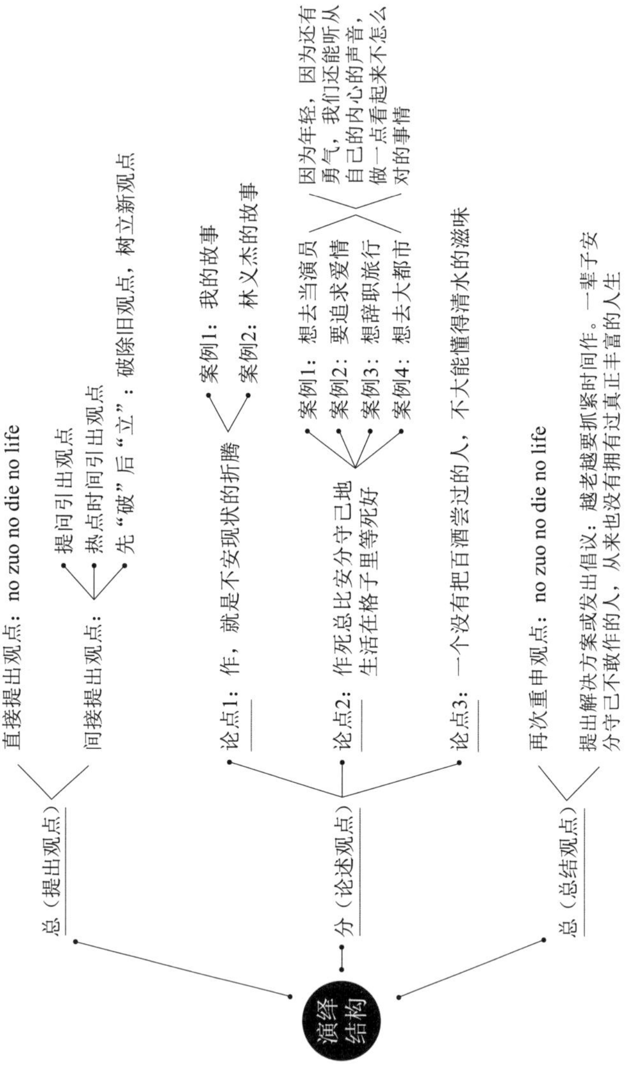
演绎结构
总（提出观点）
直接提出观点：no zuo no die no life
间接提出观点：
提问引出观点
热点时间引出观点
先“破”后“立”：破除旧观点，树立新观点
分（论述观点）
论点1：作，就是不安现状的折腾
案例1：我的故事
案例2：林义杰的故事
论点2：作死总比安分守己地生活在格子里等死好
案例1：想去当演员
案例2：要追求爱情
案例3：想辞职旅行
案例4：想去大都市
因为年轻，因为还有勇气，我们还能听从自己的内心的声音，做一点看起来不怎么对的事情
论点3：一个没有把百酒尝过的人，不大能懂得清水的滋味
总（总结观点）
再次重申观点：no zuo no die no life
提出解决方案或发出倡议：越老越要抓紧时间作。一辈子安分守己不敢作的人，从来也没有拥有过真正丰富的人生

图1 演绎结构思维导图

❷ > 归纳结构

归纳结构就更简单了，可表示为“分—总”或“摆出案例—总结观点”结构，只有两个部分。

2005 年，在斯坦福大学毕业典礼上，乔布斯做了一次演讲，这篇演讲就使用了归纳结构。他用三个故事完成了自己的演讲，堪称经典。他演讲的思维导图如图 2 所示。

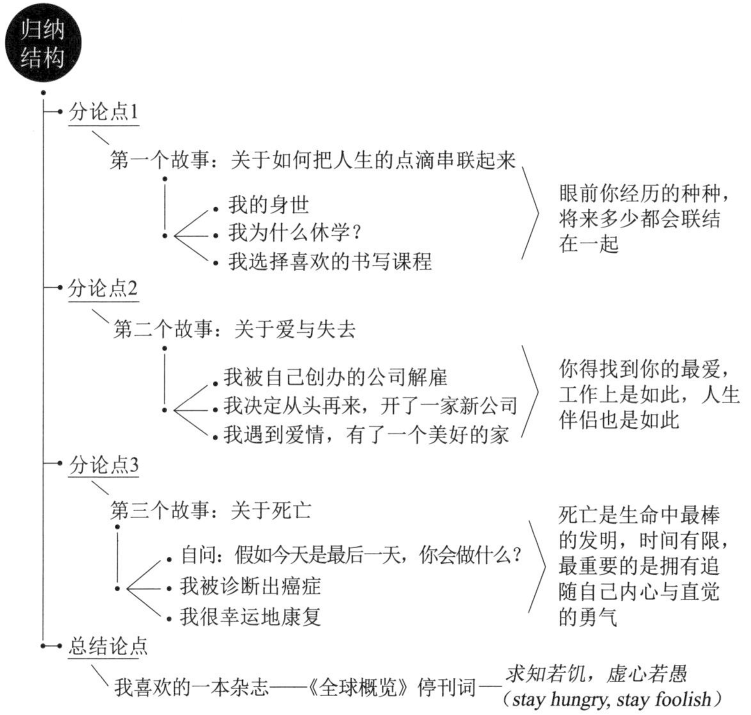

图 2　归纳结构思维导图

乔布斯在这个演讲中，一开场并未提出什么观点，而是简单引入:“今天我想向你们讲述我生活中的三个故事。不是什么大不了的事情，只是三个故事而已。”就这样开始了他的讲述。他的条理非常清晰，他会用“第一个、第二个、第三个”这样的方式来排列，并且这三个故事遵循了从过去到现在的时间发展顺序，从出生到求学再到创业，让人听起来清晰明了。而最重要也是最亮点的地方在于：三个故事看似独立，但实际上每个故事都有特定的目的，都表达了鲜明的观点。每一个小故事的观点表达，都使用了“总—分—总”的演绎结构。比如，第一个故事是关于如何把人生的点滴串联起来。在这个故事里，乔布斯讲述了他的身世，他被人收养，因家里无法负担学费，他决定退学，并且在退学之后去学习他感兴趣的美术字体。当时他并不觉得学习这个东西有什么用，只是随着自己的直觉和兴趣来学，没想到，10 年后这些漂亮的字体在他设计第一台电脑时用上了。在这个故事的结尾处，乔布斯总结了观点:“你在向前展望的时候不可能将这些片段串联起来，你只能在回顾的时候将点点滴滴串联起来，所以你必须相信这些片段会在你未来的某一天串联起来。你必须相信某些东西：你的勇气、目的、生命、因缘。这个过程从来没有令我失望，只是让我的生命更加与众不同而已。”后面他所讲述的两个故事也是采用这样的结构和方式，每个故事都表达了他独特的一个观点。乔布斯用第二个关于爱和失去的故事，告诉大家应该勇敢去追寻自己的热爱，不要怕失败。他用第三个关于死亡的故事告诉人们：时间有限，应该听从自己内心真实的声音，成为自己希望的样子。

三个故事讲完之后，乔布斯用一句话总结了上述三个观点，寄语所有的大学生，应该如何过自己的一生。这句话也就是本次演讲的金句：求知若饥，虚心若愚。他认为每一个年轻人都应该谦虚而真实地对待生活、对待自己的人生路。这句话既是对前面的故事的归纳总结，也是他所发出的行动倡议。这个倡议的提出因为有了前面故事的铺垫而更有力量，从而令他的观点铿锵有力，让人印象深刻。

这就是归纳结构。归纳和演绎最大的区别就在于开头有没有观点。演绎结构一定要先提出观点再进行论述，而归纳结构开头不提出观点，上来就直接讲故事，用故事表达出不同的观点，最后综合总结，推导出自己的结论，发出行动的倡议。

归纳结构的好处在于，因为一开始没有明确观点，反而制造了悬念，用故事引出观点，更加吸引观众的注意，可以说是步步为营，使得最后观点的提出更加顺理成章，也更具有说服力。

❸ > 问题结构

问题结构也叫“解决问题结构”，可以表示为“提出问题—分析问题—解决问题”或“引出话题—讨论话题—总结观点”。

在《我是演说家》中，冠军熊浩演讲的“我们为什么要辩论”采取的就是问题结构。这篇演讲的思维导图如图3所示。

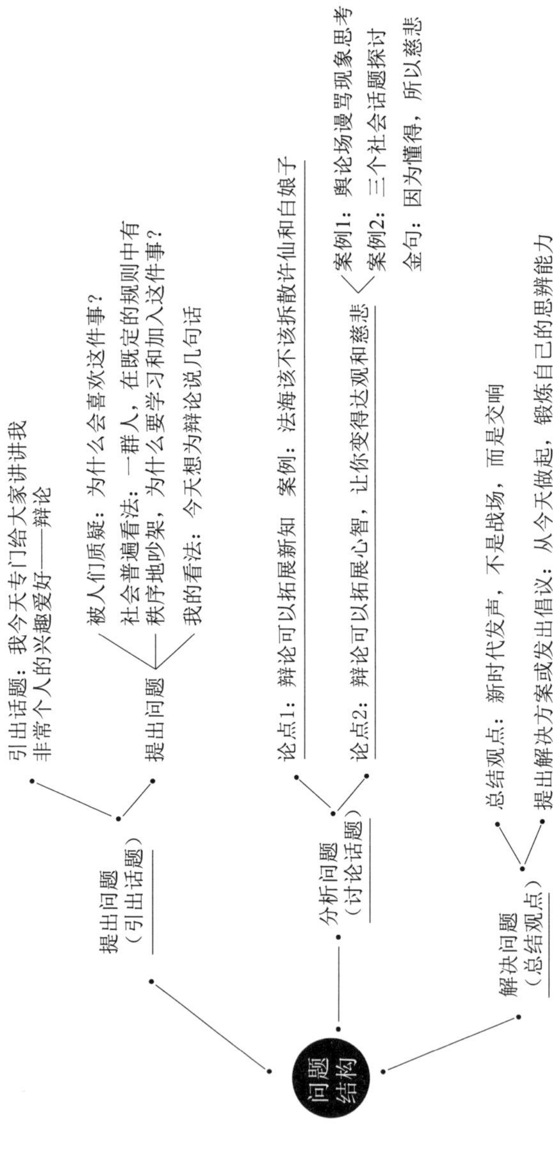

图 3　问题结构思维导图 1

熊浩在这个演讲的开头，先引出话题：“我今天专门给大家讲讲我非常个人的兴趣爱好，我想跟大家说一说‘辩论’。”接着就这个话题提出几个大家都关心的问题，比如：大学没这个专业，也没有对口的工作，这个爱好不能转化成现实的收益；一群人，在既定的规则中有秩序地吵架，你为什么要学习和加入这件事？这几个问题一提，观众就觉得很有意思了，也很有讨论的必要，这就为接下来的分析探讨奠定了基础。

接下来，熊浩开始分析这个问题，他确定了两个要点：第一个要点是辩论可以拓展新知，并且举了一次辩论赛中的一个辩题为例：法海该不该拆散许仙和白娘子？如果从道义和情感的角度来看，显然，法海不该拆散这对有情人；但是如果从文学艺术的生命力角度来看，如果没有法海，就没有了水漫金山、雷峰塔倒、断桥相会，这个文学作品就失去了审美价值。辩论为我们拓展了新的知识疆域。第二个要点是辩论可以陶冶心智，让你变得达观和慈悲。这里用了几个案例来证明，比如人们面对新闻事件和一些社会话题时，总是因不同的观点争吵，但是辩论是没办法选择观点的，因为是正反方抽签决定，所以你抽到的可能是你恰恰不认同的观点。通过辩论，你学会了换位思考，学会了理解他人。人生就像辩论，“因为懂得，所以慈悲”。

最后，熊浩总结了观点：我们应该努力锻炼自己的思辨能力，不以自己的喜好去判定事物，而应该以辩论的心态、慈悲的心态去理解他人。只有这样，新时代发声才不会是战场，而是交响，而我们每个人才是真正的新时代发声人。

刘媛媛的冠军演讲“寒门再难出贵子”采用的也是解决问题结构，如图 4 所示。

刘媛媛在演讲的开头通过三连问引出话题：当今社会，到底寒门能否出贵子？但她并没有给出回答。在接下来的演讲中，她通过两个案例进行了分析，一个是自己的家庭和自己的故事，一个是纪录片《人生七年》中的故事。通过这两个故事，她提出了自己的观点：家境并不会斩断成功的可能。最后通过讲述自己的奋斗故事得出结论：命运给你一个比别人低的起点，是想告诉你，让你用一生去奋斗出一个绝地反击的故事。这也是她自己面对这个问题的解决方案。

这就是解决问题结构，这种结构的好处在于，它能充分引起观众对话题的思考，在不断探讨中引导观众的思考方向，采用案例不断证明观点。最后进行总结，表明态度，提出自己的解决方案，结构清晰、完整。

❹ > 时间结构

时间结构就是按照时间顺序来演讲，典型的表示方式是“昨天—今天—明天”。这种结构一般用来讲述个人经历，或者用于述职报告、企业发展论坛等演讲。

比如在做述职报告时，首先从自己初到某个岗位上开始，再讲述自己与这个岗位的适应、磨合过程，其间可以讲一些重要节点的故事，阐释自己对这个岗位的理解，然后谈一谈自己付出的

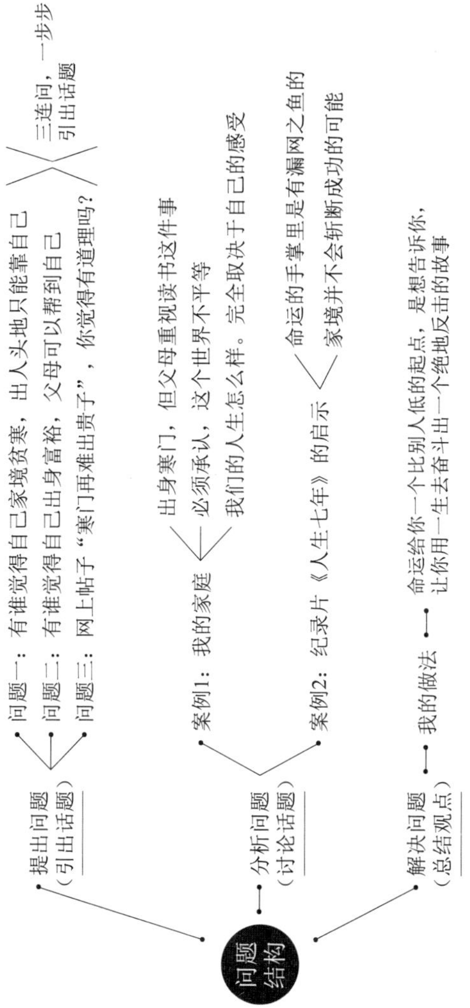

图 4　问题结构思维导图 2

努力、获得的成就等，最后表达对工作的展望、对自己的要求、对未来的期待等。

2020年，雷军在小米创立10周年时的演讲长达4个小时，但并不让人觉得乏味，原因就在于他使用了时间结构，讲述了小米成长的故事，每个阶段都选取了具有代表性的故事来分享，既完成了新品发布，又完成了对小米品牌文化的塑造和推广。这篇演讲的思维导图如图5所示。

雷军在这个演讲中充分梳理了小米10年来的发展历程，通过过去—现在—未来的时间线结构来讲述。雷军把小米的10年发展总结成了5个阶段，给每个阶段都起了个名字，分别是：梦想的开端、乘风破浪、峰回路转、国际风云、高光时刻。在每个阶段都选取了若干个标志性的事件来说明。比如梦想的开端，就讲了两个故事：一是自己创办小米的初心，这个梦想是如何诞生的；二是自己是如何寻找和选择合伙人的。这两个故事里包含了两个要点：梦想和团队。这就是创业成功必备的两个要素。讲完小米的成长故事之后，演讲从回忆过去切换到现在，进行小米的新品发布，展示小米科技的最新研发成果，最后展望未来，发表小米的下一个10年宣言，提出面向未来的三大战略。

这就是时间结构的演讲。从时长上看，这个演讲很长，内容很多。但从结构上讲，这个演讲非常简单，条理很清晰，遵照时间线来讲，划分阶段和要点，使用关键词句记忆，对演讲者而言是非常便与掌握的，在实际应用中也非常广泛。

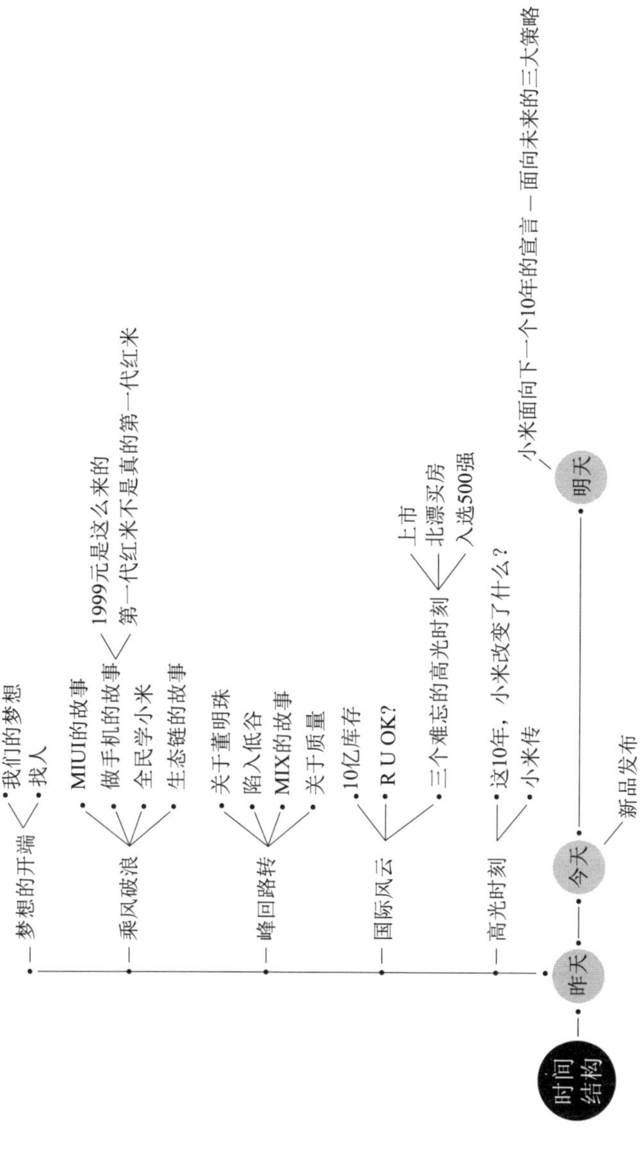
时间结构
昨天
梦想的开端
我们的梦想
找人
乘风破浪
MIUI的故事
做手机的故事
1999元是这么来的
第一代红米不是真的第一代红米
全民学小米
生态链的故事
峰回路转
关于董明珠
陷入低谷
MIX的故事
关于质量
国际风云
10亿库存
R U OK?
三个难忘的高光时刻
上市
北漂买房
入选500强
高光时刻
这10年，小米改变了什么？
小米传
今天
新品发布
明天
小米面向下一个10年的宣言
面向未来的三大策略

图5 时间结构思维导图

❺ > 并列结构

并列结构也叫"关键词（句）演讲法"。这种方式经常用于新闻发布会、答记者问等场合中的演讲，是即兴演讲的常见形式。它的具体方法是把自己要讲的要点用关键词（句）列出来，这些要点之间可以无关联，也可以有内在联系，但各要点之间是并列的。

> 这几年，华为一直备受媒体关注，这不仅因为华为被美国列入"黑名单"，还在于华为老总任正非先生出色的思维和口才。2019 年，任总在接受记者采访时，思路清晰、表达出色，而他回答问题的方式就是典型的并列结构。这篇演讲的思维导图如图 6 所示。

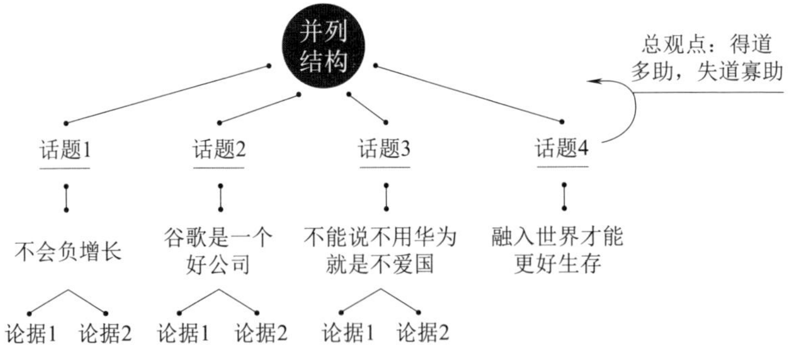

图 6　并列结构思维导图 1

任正非先生在参加记者会之前，事先准备了几个发言的要点，也是媒体记者可能会问到的几个热点问题，分别是：

- 美国的行为会不会造成华为负增长？
- 如何看待美国的这个做法？
- 如何看待网友们自发的爱国就用华为手机的行为？

这是三个关键句，也可以浓缩成三个关键词：负增长、谷歌、爱国。这就是他演讲所涉及的几个重要内容。这几项内容是并列的，可以按照重要性进行先后排列，然后在演讲的时候依次阐述。

当然，使用什么样的关键句和关键词，取决于自己的习惯。列出要点，是为了提示内容。我们还可以根据需要在每个关键词句下面写下分要点来提示自己。

任正非运用这种结构不仅回答了媒体最关心的几个问题，还提炼和总结了自己的观点：得道多助，失道寡助，只有融入世界才能更好生存。他用这个观点体现出了自己的大格局和大眼界。这几个要点看似并列，其实也有内在的逻辑联系，表达出了他的商业价值观。

在雷军的小米 10 周年演讲中，也用到了并列结构。比如在讲述小米的发展历程时，雷军所提炼出的 5 个发展阶段虽然是有时间先后顺序的，但这 5 个关键词实际上也是并列结构的，每一个关键词下面所选取的几个标志性事件，也是并列和彼此独立的。

再比如，我们常见的宴会或者分享会的演讲和致辞，也经常使用关键词句演讲法。比如在一次分享会上，可以用“感谢—感动—感慨”来作为演讲结构，统领演讲内容，如图 7 所示。

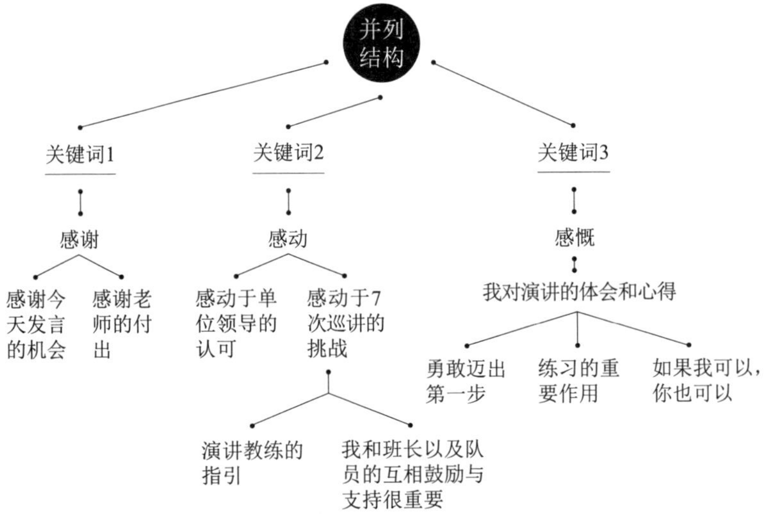

图 7　并列结构思维导图 2

再比如何冰的演讲“后浪”中，就用了三个关键句来统领结构：

- 我看着你们，满怀羡慕
- 我看着你们，满怀敬意

• 我看着你们，满怀感激

所有内容都是围绕这三个关键句展开的，而其中的三个关键词“羡慕”“敬意”“感激”正是演讲者用来表达对青年一代的看法和称赞的。这就是并列结构。

以上就是 5 种常见且实用性很强的演讲思维结构，在准备演讲稿时，你可以根据实际情况从以上 5 种结构中进行选择。时间较长、内容较多的演讲还可以几种思维结构综合使用。其实，学演讲就是学思维，思维有条理了，演讲就会有条理。这就像画地图一样，你从哪里出发，到哪里去，可以有很多条路径。你可以选择最节约时间的那条，也可以选择景色最美的那条，还可以选择人最少、路最宽的那条，总之，只要你愿意认真地画，就一定能够到达自己想去的地方。

讲稿：模拟场景，边说边写

在演讲之前，大多数人习惯先写好稿子，然后再演讲，因为一般人还不具备即兴演讲的能力。即使是一些有经验的演说家，也不可能在任何时候，在无准备的情况下，信手拈来、妙语连珠地开始自己的演讲。所以，面对一场重要的演讲活动，我们必须提前准备好演讲稿。

说到这里，可能有朋友会说："老师，前面你已经讲了怎么构思演讲稿，我就按照你的方法直接把演讲稿写好，演讲时照着稿子读，或者把演讲稿背下来不就行了吗？"

这样做当然可以，但容易带来一个问题，就是你写出来的演讲稿很不错，语言优美、意境深远，但真正站到台上讲时，却体现不出美，至少很难达到我们期望的效果。你也许会认为这是你没有掌握演讲技巧，其实不然，这里面有一个很重要的原因，那就是我们在撰写演讲稿时，方法出了问题。

我们知道，演讲在本质上是一种口语传播，是靠“讲”来传达信息的，这就意味着，演讲的语言必须具有一定的口语化特点。但有些演讲又不能太口语化，否则会令一些用词显得不严肃，不符合演讲的氛围和主题要求。

比如，你在演讲时说“这个事搞得我脑壳儿疼”，就不如说“这件事让我很头痛”更大方得体。但如果你说“这件事令我感到不适”，就又太书面化了，显得扭捏作态，不接地气。

事实上，演讲是一种介于口语和书面语之间的语言表达形式。根据不同的演讲场合、主题要求，演讲也有偏口语和偏书面语的区分。如果你的听众是老百姓，那你的语言最好接地气一些；如果是学术论坛，你的演讲稿就可以书面化一些。

如果你感觉还是把握不好，我教你一个很实用的写演讲稿的方法，叫作“场景模拟，边说边写”，这个方法的精髓在于改变了写作顺序。以前我们可能会先写好演讲稿，再去讲；现在我们是“说什么写什么”，先讲出来，再写下来，然后根据写出来的内容去实地演讲。

也就是说，我们在写演讲稿前，先进行场景模拟，比如想象此时此刻主持人正在台上介绍你，然后你走上舞台，接过话筒，站在舞台中央，面对下面的观众。这时，一般人可能会先跟观众问好：“尊敬的各位领导、朋友们，大家好！很荣幸受主办方的邀请，在这里跟大家分享我的感受，今天我想跟大家分享三个词语，第一个词语是……”

你可以一直这样往下讲，并且边讲边斟酌考虑：哪些话适合讲出来，哪些不适合。然后再把斟酌好的文字写下来。

你也可以选择分段讲，讲一段后，觉得这个思路不错，就停下来把这段文字记录下来。你可以用录音笔把自己的讲话录下来，之后再整理。

这就叫“场景模拟，边说边写”。

这样做的好处在于，你会发现，你写下的文字很实用，很符合当下的情境，不会太书面化，也不会太口语化，这样就不会出现写出来的和讲出来的效果不一致的情况。因为你在讲的过程中体会到了哪些词语适合口语表达，讲出来效果比较好；哪些词语很绕口，会影响表达和理解，需要删改。而且，你还可以在不断试讲的过程中熟悉场景，练习胆量。

这里也有两点需要注意：

❶ ＞ 演讲的语言一定要能让人“听得懂”

很多时候，我们的演讲稿写得很优美，但讲出来似乎总差点儿味道，原因就在于演讲不是朗诵，书面语的美很难在演讲中充分展现出来。演讲是一种沟通表达，你需要让听众听懂、理解、领会你的观点、感受等，这就要求你的演讲稿一定能让人“听得懂”。甚至在你讲出的那一刻，就能让听众“秒懂”。这是与书面文字完全不同的地方，读者可以反复思考、回顾书面文字，而在演讲现场，观众是没时间反复回味、消化和思考你讲的内容的。

所以，“听得懂”是你写演讲稿的一个原则和底线；听众听不懂，你的一切文学才情和思想都是空谈，做得再多也是白费功夫。如果要在演讲中引用诗词歌赋，也要用那些常见的、易理解的；如果非要引用不好懂的诗词古文，则必须对其加以解释说明，帮助观众消化理解。

❷ > 演讲的语言尽量选择短句

为什么要选择短句呢?

一是因为短句子好讲，不需要你再进行人为的划分停顿，讲起来更顺畅。如果用长句的话，你在演讲时可能就要一口气讲完，这不仅对你的肺活量是个不小的挑战，更重要的是，即使你能讲出来，这种句子也缺乏美感和节奏感，因为语言的美和节奏感来源于停顿、重音和语速。忽略了语言的节奏和韵律美，你的演讲效果一定会受到影响。

二是因为短句好记。相比之下，长句子肯定更不容易记忆，很可能在舞台上出现卡顿。在演讲时，人本来就处于一种紧张状态，如果还要说出大段的长句，那就等于给自己的演讲增加了难度。

三是因为短句好懂。短句在时间上符合人类瞬时记忆的特征，人类的瞬时记忆只有 0.5~2 秒，也就是说，你说话超过 2 秒，人们就记不住了，更别提理解了。2 秒内能说几个字呢？也就 8 个字左右。所以太长的句子，肯定会降低观众的理解效率和接收程度。

举个例子大家可能更容易理解演讲稿的写法。下面是一段演讲稿原文，是一位选手在参加庆祝东湖风景区成立70周年演讲比赛时写的演讲稿的前两段：

永和九年，兰亭处士大夫们曲水流觞，畅叙幽情；晋太元中，武陵人忽逢桃花源。当时，“魏晋风流”成为社会风尚，这种寄情山水的思想作风，也导致知识分子阶层对大自然山水有了更进一步的认识和理解，自此，对一般的中国人来讲，他的生命总有两面，一面叫钟鼎，一面叫山林……

前不久，因工作原因周末去了马鞍山森林公园，临走时路过烧烤区，勾起了我的回忆。约莫是六年前，那是我与东湖的初见，与同学烧烤野炊，游湖嬉戏，好不快乐。……相信每个到东湖的游客，在领略湖光山色的同时，或多或少也收获到了心中的小确幸，至今回想仍会是暖意满满，那是他们和东湖的故事，相互滋养，历久弥新。

我把他的这两段话进行了修改，修改后是这样的：

在中国历史上，陶渊明写下《桃花源记》，描述了心中所向往的生活景象：清新秀美的景色，朴实可爱的居民。陶渊明用丰富唯美的想象勾画出他所向往的世界，也让“桃花源”

从此成为中国文人墨客的精神家园……

前不久，因工作原因周末去了马鞍山森林公园，临走时路过烧烤区，勾起了我的回忆，大概是六年前，那是我与东湖的初见，那天，我与同学在这里烧烤野炊，游湖嬉戏，聊人生聊理想，好不快乐。……从那时开始，我便在心中有了一个想法，将来我要学园林设计专业，用智慧和双手，打造自己心中的“桃花源”。

通过先阅读，再试着讲出来，大家有没有发现，修改前后的这两段文字讲出来的感觉是完全不同的。选手的演讲稿中书面语言偏多，还有文言文，不利于听众理解，对主题渲染和表达也起不到什么作用。而我在修改时，把很多文绉绉的句子删去了，使语言更简单明了，并且运用重复提“桃花源”这个关键词的方法强化了主题，更加便于记忆和表达。

总的来说，在创作演讲稿时，既不能让演讲语言像书面语那么“雅”，又不能像口语那么“俗”，而应介于二者之间。你可以根据演讲的主题和要求、观众的群体特征等，选择合适的语言形式，既可以“雅”“俗”各半，还可以三七分、四六分。但一定要注意，在保证“听得懂”的前提下，采用短句来表达。通过这种“场景模拟，边说边写”的方式，在实践中不断磨炼语言，你所创作的演讲稿一定能为你的演讲效果加分。

道具：此时无为胜有为

中国是有演讲历史的，古代更是出现了许多能言善辩之人。百家争鸣时，齐国的稷下学宫就是百家争鸣的圣地，里面经常有各个流派的人每天争论得昏天黑地。古时候没有话筒，也没有音响，要让别人听清自己的声音和理论，需“声如洪钟”才行，这是很考验演讲者体力的一件事。

在现代化的今天，演讲有了很多辅助手段，话筒、音响已经是标配，除此之外还有灯光、背景 PPT 等其他道具来助阵，以增强演讲的效果。必要的时候，演讲者还会展示一些与演讲主题有关的实物。这些都属于演讲的道具，我把它们统称为演讲中的“器”。

2012 年，越野滑雪运动员詹宁·谢福得登上了 TED 演讲的舞台，她演讲的主题是“身碎人不碎”。之所以选择这个主题，是因为谢福得曾遭遇过一次意外。她在一次骑车训练时不幸与一辆卡车相撞，导致脖子和背部 6 处骨折，5 根肋骨断裂，头部遭受重创。虽然最终她从死神手里挣脱出来，却也因此告别了运动生涯。

在演讲开始，谢福得先在舞台上放了 5 把椅子。

当讲述自己如何遭遇意外时，她坐在第一把椅子上。

当讲述自己在医院度过最初痛苦的 10 天时，她换到了第二把椅子上。

当讲述自己被转入脊髓损伤治疗病房时，她又换到了第三把椅子上。

当讲到“6 个月后，该回家了”时，她从第三把椅子上站起来，转过身，站到了第四把椅子后面；随后，她又坐到第四把椅子上继续讲述。

当讲述自己开始学习飞行时，她走到第五把椅子前，讲述自己学习飞行的艰难过程。

最后几分钟，谢福得离开了 5 把椅子，站立着讲述了她的新事业——特技飞行教练。

在这个演讲中，5 把椅子就是道具，虽然它们不会说话，也没有声音，却增加了谢福得演讲的形象性和生动性。同时，5 把椅子摆在一条斜线上，谢福得在演讲过程中不断向下一把椅子移动，也给人一种清晰的阶段感，表明她正在不断走向下一个阶段。最后，她开始了新的选择后，又远离椅子，表示自己已经完全摆脱了之前痛苦的生活。

通过道具，观众不仅对谢福得的演讲思路一目了然，还对她的人生起伏印象深刻，演讲内容也更有说服力。

从中我们也可以看出，在演讲中，使用道具的一条基本原则就是“无为胜有为”。简而言之，它们都是“配角”，只有演讲者才是主角。“配角”就要像春雨一般，无声地为演讲增强效果。看似“无为”，实则“有为”。

那么，演讲中一般会用到哪些道具呢？我们又该怎样准备呢？

❶ > 常见的几种演讲道具

在准备道具时，话筒肯定是不能少的，它不仅能放大演讲者的声音，还能起到美化作用，每个演讲者肯定都需要一支好的话筒，有的专业演讲人还会随身携带话筒。

其次就是 PPT 或背景视频。尤其是 PPT，是现在演讲中最常用的辅助手段，几乎每个演讲者都会用。但在这里我要提醒大家一下，PPT 的功能太强大了，你想要什么效果，它都能帮你实现，所以它总是不甘心做“绿叶”，跃跃欲试地想在演讲中独领风骚，令本该是主角的演讲者不得不退到一边，黯然失色。

而实际上，演讲舞台上的主角只有一个，就是演讲者。因为演讲的本质是用说话的形式让静止的文字“活”起来、“动”起来，让那些语言通过演讲者的声音钻进听众的大脑中。如果你在演讲中过度使用PPT，听众的注意力就会被它吸引，大家都去看PPT了，演讲者就成了配角，说出来的话也容易被听众忽略，甚至根本没人听了。这样的道具使用不仅不能给你的演讲加分，反而会减分。

❷ > 准备演讲道具应遵循的原则

说到底，PPT、背景视频或其他道具，都只是辅助工具，要将演讲中的观点表达出来，最重要的还是人。明白这一点后，你在准备配合演讲使用的PPT、展示视频或其他道具时，就要尽可能遵循下面几条原则：

（1）PPT的背景设计要大气、凝练

PPT辅助演讲，要作为背景在大屏幕上展示，所以风格很重要。在色彩选择上，要首选暗色调，黑色最佳。因为演讲者在亮色屏幕衬托下，会显得很暗淡，这与演讲者的核心地位是不符的。另外，暗色的背景屏幕会增加观众的视觉舒适度，就像我们手机屏幕的夜晚模式一样，让人看起来很舒服。

其次，PPT制作尽量少用动画效果，不要试图把PPT做得太绚烂出彩，那并不是你演讲的加分项，反而会分散观众的注意力。

比如给图片加花边、冒泡、雪花等动画和装饰，这些东西与你的演讲主题无关，反而会影响人们的视线，冲淡主题，PPT 也会显得很杂乱，不高级。总之，PPT 的风格以简约、大气为最好。

（2）PPT 上的内容要少而精练

不管是图片还是文字，PPT 所展示的内容要少而精，要一目了然，重点突出。一张 PPT 就展示一张图片或一句话，凡是与主题无关的内容，都尽量省略；而要强调的内容，不管是数据、文字还是图片，都可以放大并置于 PPT 的中心位置。

同时，PPT 上的内容还要直观、形象，让人一看就懂。有些人喜欢在 PPT 上展示思维导图，这是很抽象的东西，观众看起来会比较吃力，效果也会大打折扣。

还有很多演讲者喜欢在背景 PPT 上大段大段地写上自己的演讲稿段落，这个实在没有必要。在你演讲的过程中，台下的观众是没有你的演讲稿的，都是以听你的演讲为主，如果你把演讲稿大段大段地写在 PPT 上面呈现出来，有时候会出现你演讲的内容和文字不符的情况，效果反而适得其反。所以，我们在 PPT 上的文字，一定要精练，提炼出关键字即可。不管是乔布斯的发布会、雷军的发布会，还是罗振宇每年举行的“时间的朋友”跨年演讲，背景 PPT 中心位置只有醒目的金句，这样的 PPT 就足够了。

（3）慎重播放视频

视频对视觉和听觉的冲击力都非常强，一旦你在演讲过程中播放视频，观众就会马上去看视频，没办法再专注地听你讲了。所以若非必要，尽量不要播放视频。如果一定要放，则专门留出时间给观众看，看完了你再接着讲。

我曾遇到一个演讲者，她在准备自己的演讲时，专门请人画了沙画，并配合她的故事拍摄了沙画的整个绘画过程。在演讲进行过程中，她播放了这段视频。沙画确实很好看、很吸引人，但也导致她的演讲变成了画外音。整个演讲结束后，观众甚至都记不清她长什么样子了。这就是典型的喧宾夺主。

所以，想用好演讲道具，就要善于驾驭它，让它们发挥“无为胜有为”的作用，毕竟观众是来听你演讲的，不是来向你学习PPT或视频制作的，也不是来看道具的。只有让这些道具以更简单质朴的方式来成就你的演讲，才是发挥了它们应有的价值。

❸ > 让道具帮你“说话”

在演讲中，道具通常都是根据演讲内容来准备的，属于演讲设计的一部分。演讲道具不是必备的，你可以视情况而定。

> 乔布斯每次在新产品发布会上，都会把他最新的产品带来，并为这个产品设计特别的出场方式。当然，这个产品首先肯定是这次演讲的主题，但同时它也是演讲的道具。在第一台苹果笔记本电脑的发布会上，乔布斯是用一个手提包装着笔记本电脑来到讲台的，寓意便于携带；后来的超薄笔记本电脑，他是从一个牛皮纸袋里拿出来的，寓意超薄超轻。这些手提包、纸袋都属于道具，也很好地表达出了产品的最大特色。

这里要注意的是，你带上台的道具必须具有可辨识性，这也是为什么乔布斯在展示他的PPT时，会将牛皮纸袋装苹果笔记本电脑的图片放大，并放于屏幕中央，就是为了让大家看得更清楚，这样才能起到道具的效果。

> 我曾经听过一次演讲，演讲者上台时带着一张照片。在演讲开头，她把这张照片拿出来，告诉大家这是一张特殊的照片，是她和家人的一张全家福。结果，因为舞台与观众隔得太远，观众根本看不见。显然，这个道具就没有起到作用，如果把照片拍下来放在PPT里，效果会更好。

所以，我们在选择道具时还要想办法让观众看清楚，道具的使用才有意义。

> 我见过的一个给我印象最深的演讲道具是在《我是演说家》的节目里，当时那位演讲者带来了一个礼物盒，并且让观众猜猜礼物盒里装的是什么？
>
> 观众猜完后，他打开了这个礼物盒，拿出里面的“礼物”——一份病历本，并告诉大家，这是他今年收到的“礼物”。紧接着，他给大家讲了他与疾病搏斗的故事，给人留下了很深的印象。这种演讲道具的设计就非常有创意。

总之，无论是话筒、PPT展示还是其他道具，它们在本质上都是辅助工具。我们在演讲时可能会需要它们，但不能依赖它们。用不用道具，使用什么样的道具，都需要演讲者独特的创意和设计。同时这也告诉我们一个道理：出色的演讲一定是经过认真准备的，只有走心的设计，才会成就精彩的演讲。

第三章

内容输出：有效表达的秘密

观众坐在台下听演讲，不是因为演讲者的颜值高、声音美，而是因为演讲者的演讲内容足够精彩。记住，在演讲中，内容永远是排在第一位的。好的演讲既需要有瞬间抓住人心的标题、吸引观众注意力的开场白，同时还要有明确的观点和符合逻辑的层次，以及令人回味无穷的故事……在有限的时间内，你必须要输出有质感的内容，才能占领观众的精神世界。

逻辑：用“三段论”来展现你的思维

很多演讲者都会犯这样一个错误，就是把演讲讲成了工作汇报，总想把自己做的事全讲出来，结果时间越讲越长，内容越讲越多。还有的人喜欢把演讲讲得很正式，先有大标题，再有副标题，然后正文里再来几个小标题……

这些都不是演讲的格式和要求。演讲与工作汇报不同，演讲是不需要这些小标题的，即使你想用小标题，心里也要明白，这些小标题是为了划分内容层次，自己知道就行，不要讲出来。而且一次演讲的时长也就 6~8 分钟，1300~1500 字，在这么短的时间内，你怎样吸引观众、调动观众情绪，给观众留下深刻印象才最重要，而不是你的演讲分了多少个标题、层次等。演讲是一种只能靠“听”和“看”来理解的语言形式，你的表达必须立体、直观、生动，才能吸引人。

因此，在确定好演讲标题后，接下来你就要进入正式演讲了。

这时，你必须在头脑里有个整体的思路或逻辑，来帮助自己讲出接下来的内容。我们在上一章曾经讲过，写演讲稿的结构中有一个演绎结构，即遵循“总—分—总”的结构来写，这其实就是我们的演讲思路，同时也是最符合观众感受和思维要求的演讲思路。

具体来说，就是你在演讲时要把自己的演讲内容分为三部分，分别为开头、主体和结尾。只要把这三部分讲好，你的演讲就不会太差。我把这种逻辑结构叫作演讲的“三段论”。

那么，这个“三段论”究竟怎样讲呢？

❶ > 开场要学会“调频”

演讲的开场一定要学会“调频”，也就是想办法把观众的注意力调整到你的频道上来，这是对演讲开场提出的要求。

我们一直强调，演讲一定要做到有效表达。什么是有效表达？简而言之，就是你说的每句话，观众都听进去了。一场 6 分钟的演讲，如果能让观众的注意力保持在 4 分钟以上，那就是很不错的演讲了。但事实上，大多数人的注意力只能坚持 1 分钟。

也就是说，如果你的演讲一开始没能吸引观众，那么观众就很难再有兴趣听你后面的内容了。这样一来，即使你的演讲长达一小时，也只会“雁过无声”，根本达不到有效表达的演讲要求。

所以，演讲的开场十分重要，可以奠定整个演讲成功的基础。

在新冠肺炎疫情暴发初期，武汉城建集团负责雷神山医院的物业管理工作，他们的抗疫宣讲稿开头是这样的：

“你问我是谁？我不是医院的建设者，但我了解这所医院的每一个病区、ICU病房，甚至这里的每一个角落；我不是医生，但我了解每一个病人的病情，我甚至知道他们爱吃什么、需要什么；我不是护士，但我认识这里的每一台医疗设备仪器，知道它们的摆放位置、使用要求。我们知道这里的一切，因为我们，就是这座‘雷神山’的守护人——物业服务人员。”

这个开头制造了悬念，他没有直接说我是谁，却让观众在猜测中更深刻地理解了这个人物的使命和价值。

这就是一个很好的演讲开头，一下子就达到了“调频”的效果。

❷ > 中间要有好故事

好演讲都具备一个共同的特点：生动易懂。用简单的语言表达深刻的道理，永远是演讲制胜的法宝。而演讲最简单实用的办法就是讲故事，一个好故事可以迅速让观众的情绪产生变化。因为人在听故事时，大脑会模拟故事发生的整个过程，就像自己亲身经历一样，观众的情绪很快就会被带动起来。比起那些枯燥的大道理，一个故事就足以打动观众。

所以，当你用精彩的开场将观众的注意力吸引住后，接下来就要设计一个生动、有趣、走心的故事，将观众“代入”你的故事当中，与你的故事形成共鸣。

总体来说，好故事要满足下面几个要求。

（1）好故事要真实

演讲是一种信息的传播，内容真实是最重要的。站在演讲台上的人，需要对自己的言论负责任，所有讲出来的话要有理有据，所有的数据、时间、地点都要核实清楚。

有些演讲者为了省事儿，从网上找来一些故事，当成自己的故事来讲,这显然不符合演讲真实性的要求。因为不是真实的素材，你就没办法讲出细节，而没有细节的故事不可能讲得生动。在演讲台上讲假话的人，最终只会演变成夸夸其谈。

（2）好故事要新鲜

老生常谈的故事，观众是不愿意花时间再听你在台上讲一遍的。新闻事件之所以被关注，就是因为新鲜。所以选故事，要尽量选择离我们现在这个时代更近一些的故事，这样的故事才更有借鉴意义。

我这里说的“近”，不仅包括时间上的“近”，还包括距离近或关系近。比如，讲我们身边人的故事，讲我们的父母、同事、朋友等，可能比讲历史人物或名人故事更吸引人。演讲人中有句话："讲外国的不如讲中国的，讲名人的不如讲身边人的，讲别人的不如讲自己的"，说的就是选材的标准问题。

（3）好故事要有波澜

所有的故事，归纳起来都是一个"打怪兽"的故事。从"怪兽"出现，到经历失败，再到苦练武功，最后打败"怪兽"，这是永恒的故事模板。

所以，好故事不仅要有悬念式的开头，波澜起伏的情节，矛盾冲突的场景，还要有细节的捕捉和心理活动的描写，这才能成就一个好故事。

（4）好故事要少而精

一些演讲者在讲故事时，总是想突出很多人、很多事，结果人物多了、故事多了，观众根本记不住，故事也就白讲了。

好的故事一定要详略得当、重点突出，而且主角只能有一个，不能"雨露均沾"。要把个人形象展示和群体形象展示相结合，以讲自己的故事为主，讲别人的故事为辅，这不是谦虚，而是保证演讲生动性和目的性的关键。

同时，不要期待一次演讲就能讲完所有的话、说完所有的事，你必须有选择、有取舍，这样才能成就精彩生动的好故事，才是真正有效率的语言。

（5）好故事要观点明确

演讲中的故事都是带着使命出现的，这个使命就是它想说明什么、表达什么。如果你的故事讲完了，观众还没明白你要表达什么意思，那就说明你这个故事没讲好。

比如，朱自清的《背影》就讲了一个故事，父亲送儿子上火车，然后买橘子给他送去。其中最关键的就是对父亲爬上月台的背影描写，细节生动感人。这就是个带观点的故事，而观点就藏在每一个细节描写里。

因此，你在讲故事时，要把自己的观点融入故事中，它可以体现在人物语言里，也可以体现在人物心理活动里，或者在作者的评论里。总之，不能为了讲故事而讲故事。

以上就是对演讲内容中故事的要求，而具体怎样讲故事，后面会详细跟大家分享。

3 > 结尾要点题

凡事都要有头有尾，有始有终才好。演讲的开头之所以重要，是因为它决定了观众要不要听下去；中间主体重要，是因为它是演讲的核心部分；而结尾重要，是因为它决定了观众有没有收获，你的观点是不是被认可。如果是演讲比赛，这个结尾还直接决定了评委会给你打多少分。所以，一定要重视演讲结尾的重要作用。

很多人以为，演讲结尾一定要喊要唱，要抒发情感，要激情澎湃。其实演讲结尾跟开头一样，有很多种样式，不一定所有人都适合高亢式的演讲结尾，也许在结尾处戛然而止，反而能给人余音缭绕的深邃感；也许结尾只需一句话，就能让人茅塞顿开，引起无限思考；也许只需要一句经典的金句，就能让人回味无穷，印象深刻。总之，好的结尾一定要留给人空间，让人去思考、去回味，对整篇演讲起到画龙点睛的作用。

那么演讲的结尾到底该怎么讲呢？

最重要的一点就是，演讲结尾一定要重申观点，点出演讲的主旨。你的这次演讲想要突出什么，想要说明什么道理，都在结尾处表达出来。也许你在演讲的主体部分已经讲了自己的观点，结尾处也一定要再强化一次。总之，结尾一定要起到点明主旨、强化观点、渲染情感的作用。

通过上面的阐述，我们可以发现，一个精彩的演讲逻辑与一篇好文章的逻辑是一样的：凤头、猪肚、豹尾。“凤头”是吸引观众的“邀请函”，“猪肚”是演讲里有着丰富内涵的好故事，“豹尾”则是最后画龙点睛的观点和结论。

开场：一开口就征服观众

营销界有一个“7 秒定律”，意思是说，消费者会在 7 秒内决定自己是不是要买某件商品。由此可以看出，一件商品如何在一开始抓住消费者的心是很重要的。

演讲也是如此。俗话说得好：“良好的开头是成功的一半。”没有一个引人入胜的开场，你接下来的演讲就难以吸引观众。如果你的开场呆板无味，等你讲到中间部分时，观众恐怕早都低下头刷手机了。相反，倘若你的开场能像电影《甜心先生》中的那句台词——“你一开口就征服了我！”那样，那么一定能够一鸣惊人，瞬间调动起观众的情绪，让观众产生想要听下去、参与下去的欲望。

那么，什么样的开场才是好的开场呢？

前文我们已经讲过，演讲开头一定要会“调频”，想办法把观众的注意力吸引到你身上、调整到你的频道上来。在你的演讲开始之前，观众坐在座位上，但思绪可能已经飞得很远了，这时，你要做的就是把观众的思绪拉回来。

演讲开场的方法有很多，我把常用且效果较好的开场方式总结为“六个巧”。

❶ > 巧用题目

这一“巧”就是用演讲标题来吸引观众。关于演讲标题的提炼方法，我们前面已经详细介绍了，这里不再赘述。

演讲标题被称为演讲之“目”，也就是演讲的眼睛。如果你能把标题提炼得精确且留白，就能快速调动起观众的好奇心。所以，演讲的标题也可以拿来开场，直接与演讲开头形成呼应。

> 在武汉市公安局组织的一次演讲活动中，有位警察的演讲题目为“放弃吧，你再怎么努力都是徒劳”。这是一个警察与犯罪分子斗智斗勇的故事，他的开头是这样的：
>
> “我们经常听人说，一分耕耘一分收获，做事情一定要付出坚持和努力，但我今天却要说，看你选择做什么？不是所有的事都值得去努力，比如做违法的事……”

还有一个演讲题目为“吃人的天梯”，演讲者是这样开头的：

> 如果没有到过这里，我可能永远也不知道，在中国还有

这样的地方。一条通往悬崖的路，是一段村民为了攀爬而搭建的，看上去并不那么坚固的简易的天梯，就是通往这个村子唯一的道路，但这却是一段吃人的天梯，天梯的另一头，是一个被称为“悬崖村”的地方……

这篇演讲稿的主题是“精准扶贫”，为了引入这个主题，演讲者使用了这样的开场方式，既呼应了标题，又能引起下文，观众的兴趣也会一下被勾起来。这段开头的夸张式描述与接下来所要讲述的扶贫故事和成效形成了鲜明对比，更加凸显了“厉害了，我的国”这个大的背景和主题，反映出了演讲者对这个大主题独特的理解，在她看来，真正的强大是关注弱小，不放弃任何一个儿女，这就是精准扶贫的含义，也是祖国强大的标志。

❷ > 巧用道具

有时候，借助道具也是一种很好的开场方式。你可以将提前准备好的道具带到台上，以此打开话题，开始你的演讲。

2009 年 2 月，比尔·盖茨参加了 TED 演讲。他的演讲主题是如何解决全球范围内的贫困和儿童死亡等重大问题，但是，盖茨没有循规蹈矩，一开始就讲这个问题，而是换了一种方式。

他先将一个玻璃罐带到台上，正当大家对此感到好奇和不解时，他打开了这个玻璃罐，并且对下面的观众说："马来热是通过蚊子传播的。我今天也带来了一些蚊子，让它们在会场上转转，这样你们就能体会一下被蚊子叮咬的滋味。只有穷人被蚊子叮咬是不公平的。"之后，盖茨才开始他当天的演讲。

盖茨在台上的这一行为效果如何呢？

据美国全国广播报道，当时台下的观众几乎"惊掉了下巴"！

这个玻璃罐和里面装的蚊子就是道具。比尔·盖茨的开场方式就是巧用道具，通过展示道具吸引观众注意力，继而展开自己的演讲。

❸ > 巧用名言警句

巧用名言警句是一种非常传统的开场方式，也是一种非常经典的开场方式，它的关键在于要选到合适的名句。

首先，你选的名句一定要通俗易懂，不要艰涩拗口，说出来别人听不懂或不知道。

其次，这个名句要与主题相关，或者代表一种观点，或者代表一种心情。

最后，这个名句还要有一定的深度，要有启发意义，或者有深刻的内涵，不要太普通。

很多哲学领域的名句都可以作为很好的开场白。有一次，我在参加全民阅读活动的启动仪式时，就引用了著名哲学家康德的一句话作为开场白。我是这样讲的：

"'这个世界上有两样东西，我越想越觉得神奇，越想越觉得震撼，一个是我们头顶浩瀚的星空，一个是我们心中的道德准则。'星空使我们渺小，而道德使我们强大，但最强大的是历经千百年传承到今天的、我们手中的一本本书。人类思想的精华就在于此，而我们触摸它们最好的方式，就是阅读……"

❹ > 巧用设问

提出一个问题，不仅是演讲标题常用的方式之一，也是演讲开场常用的一种方式。这个方法的要点在于，你一定要提出一个好问题、一个能让观众感兴趣或引起思考的问题，否则，就可能起不到调频效果，搞不好还会整段垮掉。

陈铭在《暖暖的中国》中做了题为"10天建成火神山的真相"的演讲。他的开场是这样说的：

"有人问我，陈铭，给你10天，你能做些什么？10天，10天我能读完一本百万字的小说，10天我应该能准备出一场高质量的辩论赛，10天没准我能追完一整部《庆余年》呢！但2020

年的冬天，我们所有人都目睹了一个不可思议的奇迹……”

这段演讲就是巧用设问开场，而且问题一下子就提到了整个演讲的灵魂和核心，即“10天”带来的是“中国速度”。这种提问不仅有趣，能引起观众思考，还能对主题起到强化作用，同时又能很好地引出后面的演讲。

5 > 巧用热点

热点就是热门事件，说白了就是我们要学会蹭热点。因为是热点，大家自然关注，这就很好地给自己和观众找到一个共同话题，从而达到调频的目的。

对于热点事件的选择，一是要与主题相关，二是能登大雅之堂，不要把一些娱乐八卦或未经考证的传言等拿到台上讲。

我经常去做一些演讲讲座，有一次，我用一张新闻图片作为我的开场。这个图片是2017年奔驰车主坐在车盖上维权的漫画图片，这个新闻事件当时引起了很多人的关注，大家应该都知道。我的开场是这样的：“这个车主的8分钟维权，算不算是演讲？”

这种开场方式就是连用了“巧用热点”和“巧用设问”两个

方法，会引起大家对“演讲到底是什么”的一连串思考，以引出我后面的话题。

6 > 巧用悬念

悬念是一种思维方法，也是调频的一种方式。其实所有的开场，不论是用道具、用名言，还是用设问、用热点，本质都是在制造悬念，激发观众的好奇心，以让观众带着一点期待来听我们的演讲。如果说思想是演讲者带给观众的礼物，那么悬念就是这层礼物的包装纸，你要让观众有一种拆礼物的快感，这就是巧用悬念的真正意义。

除了以上的“六个巧”，演讲还有其他的开场方式，但总的来说万变不离其宗，不论你使用什么样的开场白，目标只有一个，就是吸引观众的注意力。如果你一开口就征服了观众，成功地把观众的注意力拉回来了，那么你的开场就成功了。

故事：演讲的灵魂

我曾经看过一个故事，给我留下了很深的印象：

一个失明老人坐在街边乞讨，旁边放着一块纸板，上面写道："我失明了，请帮帮我。"

街上来来往往的人很多，但没有人回应他，老人在风中被冻得瑟瑟发抖。

一个女孩从老人旁边走过，但又转身拐了回来。她看了看老人，叹了口气，然后把老人面前的纸板拿起来，写下了一行字，转身离开了。

奇迹发生了，接下来路过的人纷纷把钱放在老人面前，老人简直不敢相信竟有这么多人愿意帮他。

那么，女孩到底写了什么呢？

她写的是："这真是美好的一天，我却看不见。"

你是否被这个故事打动了呢？

一个好的故事，往往能迅速让听众的情绪产生变化。因为人在听故事时，大脑会模拟故事发生的整个过程，就像自己亲身经历一样，情绪也会很快被调动起来，甚至能真切地感受故事中人物的喜怒哀乐，关注故事的发展结局。比起讲一堆枯燥的道理，一个好故事足以牢牢抓住听众的注意力，打动听众的心。

很多演讲者都会在他们的演讲中讲故事，但有的人讲得很精彩，有的人却讲得很寡淡，为什么会这样呢？

我们不妨先想一下，为什么我们看电影时很少觉得累？因为电影里的故事总能让我们充满期待，我们也总能跟随电影情节的跌宕起伏产生情绪变化。这其中可能有音效的作用，但更重要的是我们能看到场景变化，能听到人物的语言，能看到人物的表情动作，能通过画面了解整个故事的进展。演讲是不能呈现画面的，但优秀的演讲者可以在听众的脑海里“刻下”画面。怎么“刻”呢？就是运用语言的力量，把画面反射到听众的脑子里，通过“讲”的方式来呈现一个故事的精彩全貌。

当然，要做到这一点，你就要在演讲时精心设计故事。前文已经跟大家分享了演讲中的好故事要满足的要求，除此之外，要在演讲中讲好故事，讲得生动，还要做到下面几点。

❶ > 以悬念或冲突开场

讲故事的第一步就是制造悬念或冲突，这个悬念或冲突会让人们对后面的故事充满期待。

在法国微电影《调音师》的开头，就是一个盲人钢琴师的自白：

“我很少在公众面前演奏，除非是特殊的场合或观众，就比如今晚。这个男人是谁？我不认识，我甚至看不见他，我是盲人，再说也不是为他演奏，而是为我身后的人。去年我被看成是天才，我也以为自己前途无量。15 年来，我所有的努力都只为一个目标——伯恩斯坦钢琴大赛。我失败了，顷刻间万念俱灰。我独自待着，被失败的恶魔折磨，掉进万丈深渊，我活了过来，成了钢琴调音师。”

这段电影的开场非常经典，极具悬念意味，一个盲人讲述他所“看见”的东西，这一点本身就让人们诧异。接着，画面切到他作为一个正常人去参加钢琴大赛的画面，他又俨然是一个健康的人。这到底是怎么回事？他描述自己从失败中终于活了过来，但他又变成了一个盲人，这其中发生了什么？……

观众的看法会随着这个短暂的开头不断被颠覆，一个又一个疑问出现在观众的脑海中，这就为后面的故事做足了铺垫。

演讲也是一样，悬念或冲突就是你要讲的故事的必要铺垫，它也是整场演讲的第一个“看点”，需要为后面故事情节的发展做准备。以这种方式开始你的故事，要比“从前有座山，山上有座庙……”的传统开场方式更能吸引听众的注意力。

比如本节开头中失明老人的故事，一开始，人们都不愿意施舍给他钱，但女孩重新写了几行字，就有人主动来帮助老人了。听到这里，听众心里肯定想知道：女孩写了什么？为什么会有这么好的效果？

这就有了故事悬念，而有了这样的悬念，听众才会期待你继续往下讲故事。

❷ > 运用极具画面感的语言

要讲故事，自然离不开语言；而要把故事讲生动，就离不开画面式的语言。也就是说，你的语言描述方式要像在人们面前展开一幅画一样，让听众不由自主地跟随你的语言去欣赏“这幅画”。

丘吉尔在二战期间有一段著名的演讲：

> 我看见苏联士兵站在祖国的大门口，守卫着他们的祖先自远古以来劳作的土地。我看见他们守卫着自己的家园，他们的母亲和妻子在祈祷……我看到苏联上万的村庄，那里穿

衣吃饭都依靠土地，生活虽然十分艰辛，那儿依然有着人类的基本乐趣，少女在欢笑，儿童在玩耍。我看见纳粹的战争机器向他们碾压过去，穷凶极恶地展开了屠杀。我看见全副戎装，佩剑、马刀和鞋钉叮当作响的普鲁士军官，以及刚刚威吓、压制过十多个国家的、奸诈无比的特工高手。……在这番嚣张气焰的背后，在这场突然袭击的背后，我看到了那一小撮策划、组织并向人类发动这场恐怖战争的恶棍。

丘吉尔这段演讲的最大特点，就在于他运用了诗歌般的语言来营造丰富的画面感和强烈的视觉冲击。在这段演讲词中，他运用了比喻、类比、排比等多种修辞手法，把一幅幅生动的图景展示出来：一边是充满了生活气息的场面，少女在欢笑，儿童在玩耍，一边是战争机器的场面，戎装、佩剑、马丁和鞋钉叮当作响……这种画面式的语言和生动场景的鲜明对比，把战争的残酷、对幸福生活的毁灭充分表达了出来。这种语言就很容易激起人们的共鸣，比如对战争的痛恨、对美好生活的渴望，从而达到自己的演讲目的。

在我辅导过的武汉消防支队抗疫先进人物中，有一位是隔离点的志愿者，她的宣讲稿中有这样一段话：

“报名以后我才知道，我的工作地点离妈妈家的小区不远。第一天上岗，她特别希望了解我的工作环境和情况，但小区离酒店最近的路口被两米高的木板封死了。惊喜的是，在封城第 38 天，我们通过一条两厘米的缝隙相见了。我能感觉到她的眼睛没那么好了，在缝里左右换了几次才看清我戴着口罩的脸。虽然她默默地没多说话，但我知道她很担心、很担心。简短地聊了几句后，我怕外面不安全就催着她回去。她一转身，我的眼眶就湿了……”

这是一段和母亲相见的场景，其中有多处细节描写，如两米高的木板、两厘米的缝隙、在缝隙里换了几次左右眼才看清的戴着口罩的脸……通过这些语言，即使没有任何背景画面视频，我们也能想象出当时的场景，体会到母女之间的那种情感，非常打动人心。

这就是画面式语言的魅力。

❸ > 充分调动感官讲故事

人是通过感官来感受这个世界的，其中包括视觉、听觉、触觉、嗅觉、味觉……所以，要清楚地描述一个事物，方法也很简单，就是利用人的五官感受来依次描述。这种描述方法之所以生动，是因为它符合人性，充分尊重了人的感受，符合人类感受世界的方式，所以语言自然而然就会变得生动起来。

下面这段演讲词，是我写的一篇题为“请让我们看见”的演讲稿的开篇部分：

每一个武汉人，都不会忘记一个数字：76！

这是武汉从病痛中苏醒过来所用的时间——76 天。

这是怎样的 76 天？

一个偌大的城市突然变得悄无声息，偶尔闪过的，是白色防护服和救护车匆忙的身影。

太阳每天照常升起，但空气中没有花香草香热干面香，只有消毒水的气息在逐渐飘散。

整个街道空荡荡的，寂静，荒凉，让这个冬天显得愈加寒冷。

这 76 天，我们看见了什么，我们听见了什么，我们经历了什么，有谁能比身处其中的我们更了解这座城市的凄凉、挣扎与苦痛？

是的，我们共同见证并书写了这历史性的 76 天！

这种讲述方式的优势在于：能够把故事中的时间调回当时的现场，让听众瞬间产生一种身临其境的感觉，你的演讲也会立刻变得生动、立体起来。很多演讲者在面对一个话题时不知道该说什么，那就不妨充分利用感官来描述事物，这也是演讲中一种虽然常见但很有效的方法。

❹ > 加入动人的心理描写

演讲中最打动人心的部分是什么？泪点在哪里？亮点在哪里？重点在哪里？

其实它们都在一个地方，就是在听众的心里。

你的听众可能来自四面八方，年龄不一，但有一点可以确定：他们都富有情感，内心都有柔软的地方。如果在演讲过程中能加入适当的心理描写，往往可以引导听众感同身受，震撼他们的心灵，让他们本来平静的心生起波澜，那你的这场演讲也就成功了。

比如下面这段 TED 演讲：

> 在我 8 岁时，有一次，父亲带我去捕鱼，当时我们乘坐一艘小船。当暴风雨来临时，我们距离海岸有 5 英里远。父亲给我穿上救生衣，在我耳边悄悄说："孩子，你相信我吗？"我点点头。然后，他把我推下了水……
>
> 我落入水中，在救生衣的作用下浮出了水面，但我感觉呼吸十分困难。海水刺骨的冷，海浪汹涌，太可怕了！然后……父亲也紧跟着我跳入水中，我们惊恐地看着我们的小船翻转沉没，但父亲自始至终抱着我，告诉我不会有事的……

在这段演讲中，演讲者不但给我们设置了一个大大的悬念，还加入了相应的感官描写。更重要的是，他加入了心理活动描写，让听众产生一种紧张甚至窒息的感觉，所有人这时候都非常紧张，急切地想要知道：他们到底发生了什么事？后来怎么样了？接下来，听众也一定会更加专注地听你讲下去。

很多人在演讲时都喜欢罗列自己所做过的事情、获得的奖项等，这些其实都代表着一种结果，事实本身和奖项本身是不具有打动人心的力量的。我们为什么要演讲？就是要把做事的过程讲出来，把你为完成某个任务的努力讲出来，把自己在面临困难和挑战时的选择讲出来，把自己当时的心理活动和亲身感受讲出来，这才是听众要听的，也是真正能打动人心的。

其实，无论你在演讲中讲述什么样的故事，是讲别人的故事还是自己的故事，所讲的其实都是故事里的自己，讲述的是自己的感受、自己的选择、自己的生命体验。从这一点上来说，讲自己的故事永远要优于讲别人的故事，因为你曾经亲身经历过，你知道所有的细节，你有真情实感在其中，你也能接住听众抛过来的任何问题。而演讲中最打动人心的地方恰恰就在这些细微的心理变化上，以及这些真实生动的语言上。

人称：让表达更有温度

人们常说“细节决定成败”，在演讲当中，可能有些小细节是不为人关注的，比如在人称的使用上。我相信很少有人会关注演讲者在演讲时使用的是什么人称，也很少有人知道“我”“你”“他”这三个人称在演讲中有多大的不同。但实际上，这些人称中蕴含着巨大的力量。

2020 年，我在由湖北省图书馆发起的全国首届讲书人大赛中担任评委，当时有来自全国各地大约 4000 多份参赛视频。在视频中，讲书人都积极分享推荐自己爱读的书，并通过讲书的方式把自己的推荐理由展现出来。

但是，在这个过程中，我发现一个比较突出的问题，就是这些演讲者在关于人称的使用上存在一些问题。

比如，在很多亲子类图书的讲书视频里，演讲者就用这样的语言：“当你遇到……问题的时候，你应该……，你必须……”这种第二人称的形式，让人听起来感觉自己正在“被教育”。这样一来，你的演讲就会变得很强势，说教味太浓。

我们知道，读书是一种自我的活动，只关乎自己，而讲书是一种与他人分享的活动。既然是分享，那么用这种“你……”的说教形式显然就不合适，至少我作为观众，是不喜欢这种直接的、强势的说教式“分享”的。

讲书并不是要演讲者纯粹去讲书的内容，你要能讲得进去，还要能讲得出来。讲书，看起来是在讲这本书，其实是在分享“我”和“书”的故事，“我”让这本书变得更有价值，这本书也让“我”变得更好。这实际上还是在讲故事，但以这种分享的方式讲，就比纯粹的说教更加生动有趣，更容易引起听众的共鸣。

回到我们的演讲上。演讲也是如此，你在演讲时，同样是在与听众分享你的故事、你的观点，既然是分享，就要尽量避免说教。而在人称使用上，你要能让听众感受到自己被尊重，感受到语言的温度，感受到你真的在分享，而不是在指点、说教。

既然如此，我们在演讲时怎样使用人称，才能让人感到被尊重，表达才能更有温度呢？

❶ > 尽量讲自己的故事，使用第一人称

我们经常在电影或电视里看到这样的画面：当孩子遇到困难、百思不得其解的时候，父亲在他身边坐下，接着说起自己小时候的故事："我像你这么大的时候，也曾遇到这样的问题，甚至更糟糕……"当父亲讲完自己的故事时，孩子的眼里闪烁着光芒。父亲没用什么说教的语言，却达到了引导的效果。

这就是"分享"。

演讲作为一种知识或观点的分享，同样要多用第一人称。因为当一个人讲起自己的故事时，其实是处于一种很放松的状态，虽然讲故事的人是有目的的，故事也带有态度和观点，但对听故事的人并没有强制性，至少不像第二人称那样明显。这样一来，听故事的人也会很放松，感受到被尊重。

> 2020年"书香战疫，以读攻毒"全国讲书人大赛的一等奖获得者、来自中建铁投路桥公司的胡洁在她的演讲"自我成长的力量"中是这样说的：
>
> "不知道你是否有过这样的感觉：一个人走在漆黑的小道上，孤单无助，茫然不知所措，不知方向，不清楚前面的黑暗里潜藏着什么。就在这时候，突然有一束光出现，或许是车灯，或许只是远处的一家便利店，都会让你有温暖的感觉。
>
> 今天我给大家分享的一本书叫《自我成长的力量》……

书里主张的自我成长需要觉察自己、改变自己和活出自己，这样才能过好一生。

今年年初，我接到了去雷神山项目的通知。当时整个武汉都在一种恐惧、迷茫的状态之中。我也很害怕，但是我得走出家门，为项目上的同事做好后勤工作。当时所有的物资都很紧缺，我没有防护服，只能穿着一次性的雨衣，戴着一次性的塑料手套，开着车跑几十公里，跟一群人挤在超市里抢购。

我习惯了当一个被夸奖、被依靠的好员工。可那时，平常简单的事情变得非常难。我开始质疑自己，为什么连这点工作都做不好？正是问题出现后的自我审视，让我开始察觉，并不是所有的问题我都能处理好。我也会受到环境和条件的限制。

认识自我，是自我成长的开始。

元宵节的时候，我想着要让大家在工地上吃上热气腾腾的元宵。于是，我开始主动联系，一袋袋地凑齐了数量，买齐了材料，然后自己动手去煮。尽管耗费了好几个小时，但是当把元宵分发到每一位同事和执勤警察手里时，我体验到了久违的成就感。

一瞬间，我感到豁然开朗，我又从同事那获得了工作上的认同。心态的调整，行动的改变，让我感觉到对自己人生的控制。我们经常会出现负能量，会自我否定，觉得自己要改变。就像书中解释的那样，“哪里有压迫，哪里就有反抗”。自己对自己有压迫，自我就会反抗。这是意识在压迫，潜意识在反抗。这种反抗会推动你去改变，在改变中成长。

在雷神山的日子，我会牵挂我的亲人，思念我爱的人。但在当时的情境下，将牵挂和思念深藏在心间，坚守在抗疫的岗位上，对我来讲才是最有意义的事，也是我在成长路上最宝贵的财富。

这是一个以讲书为主题的演讲，但已经跳出了讲书的框框，看似讲书，实际上是在讲自己的故事，这个故事中采用的就是第一人称，以自己为例，讲书里的道理，讲出书籍对自己生活和工作的帮助，这才是真正的讲书。这样讲书，不仅增加了演讲的生动性，更增加了讲书的说服力，这才是好的讲书。

同时，这也是我不断强调演讲要学会讲自己的故事的原因，只有讲自己的故事，你才有取之不竭、用之不尽的灵感，才更容易产生真情实感，也更容易在相同主题的演讲中脱颖而出。

2 > 讲别人的故事，也能用第一人称

有人可能会问：“如果我想在演讲中讲别人的故事行不行呢？那时该怎样用人称呢？”

演讲当然可以讲别人的故事，在讲别人的故事时，我们也可以使用第一人称，那就是把自己放进故事里。

在《超级演说家》节目中，著名主持人鲁豫在演讲时，就讲了一段别人的故事。但是，她非常巧妙地运用了第一人称。这篇演讲的题目叫“这该死的爱情”，她是这样开场的：

“我要讲的爱情故事，可能发生在我的身上，也可能发生在你的身上，发生在每一个人的身上。故事全部都是真事，为了讲述方便，我用第一人称。

“下面这段话，我觉得是我知道的最牛的开场白：我和我老公第一次约会，吃的第一顿饭，我说的第一句话，我说：我没时间和你谈恋爱，我要结婚。这句话说了你可能觉得我很二，但要知道那个时候我刚刚结束一段长达六年的爱情，那六年我爱得小心翼翼，爱得委曲求全，我们很少见面……”

为什么鲁豫要用第一人称来讲故事？因为第一人称带给人的感觉很真实。真实是有力量的，正如鲁豫自己说的：“我愿意被这种真实感动。”这就是好的演讲。

但是，有些时候我们不能直接把自己代入别人的故事中，这时怎么用第一人称呢？下面的这两个方法可以解决这个问题。

（1）在自己与别人的故事之间搭建桥梁

搭建桥梁，其实就是在彼此间建立联系，比如创造机会，让自己与故事中的主人公“相遇”，目的是让故事中有自己的影子，把自己放入故事当中。

说得直白些，就是假装讲自己的故事，实际在讲别人的故事，讲自己的目的在于突出别人。这就需要一些技巧了，但这些技巧不是让你编故事，而是要创造更多去观察主人公的机会，让故事的主人公成为自己生命中的一员，成为影响和改变自己的人。

（2）走进对方的内心世界

每个人的故事，都只藏在自己的心里，故事中的喜悦、痛苦、感动等，也只有当事人最清楚。如果你在演讲时要讲的人连你自己都不认识，那你就不可能走进对方心里，这时你单纯地改变人称是没用的。

所以，我每次做演讲培训时，都会先问演讲者，你是否认识你故事中的人？有没有见过他？有没有交谈过？等等。记者为什么能挖掘出很多好故事？就在于他们能够找到要报道的人，会与对方交谈，去了解他的故事背后的故事，只有这样，故事才会真实、动人。否则，你对一个人既不认识也不了解，又何谈影响呢？如果没有影响到你，你又如何用他来影响听众呢？

关于这一点，湖北日报记者李墨的一篇演讲就非常好。她讲的是武汉金银潭医院院长张定宇的故事，在湖北省总工会的“中国梦劳动美”的网络宣讲大赛中赢得了冠军。我节选一部分跟大家分享：

……今年（2020年）1月26日，武汉封城第四天。我接到报社紧急采访任务：立刻奔赴武汉市金银潭医院，采访院长张定宇。当时，他的妻子因为感染新冠肺炎正在住院隔离，而他却带领着全院600多名医护人员，在一线指挥坚守了近30天。

网上搜不到任何关于张定宇的公开信息。为了能走近真实的他，我进入重症病区，逐个采访张定宇的同事。但让我没想到的是，大家对他最深的印象，竟然是脾气不好、性子急。

一直等到晚上9点多，才终于见到了疲惫不堪的张定宇。

当他一瘸一拐地推门走进来，我的目光本能地落在他的腿上：他是受伤了吗？

随后，紧张的采访，不停被一个又一个电话打断。金银潭是医院，更是战场，21个“炮火纷飞”的重症病区，都在等着张定宇。

在一次通话的间隙，我抓住机会问他：“大伙儿都说您性子急，您是不是常对他们发脾气？”

张定宇突然陷入了沉默。好一会儿，他才抬起眼睛，平静地说：“性子急，是因为生命留给我的时间不多了。我心里面有一个秘密，从未对外人说起过，我是一个渐冻症患者，我的双腿已经开始萎缩了。”

我震惊地停下手中的笔，泪水止不住地淌了下来。

在那个时刻，他的妻子，仍在另一家医院的重症病房，情况危急。谈到妻子的病情，张定宇突然摘下眼镜，双手长久地捂在脸上，他在哭。他说：“我们结婚28年了，感情很好！我真的很怕她扛不过去，怕会失去她！”

……

你看，只有真正走近对方，走进对方的生活，走进对方的内心世界，我们才能把故事讲得真实，讲得动人，讲得深入人心。

总的来说，除了讲自己的故事要用第一人称，我们也可以用第一人称来讲别人的故事，把自己放进故事里，不断创造自己和人物交流的机会，近距离地观察人物，营造在场氛围。这样，即使是讲别人的故事，也能像讲自己的故事一样生动自然。

结尾：简明扼要，掷地有声

在一场演讲中，如果我们把中间主体部分比作正餐，那么开场就是正餐前的开胃小菜，结尾则是餐后甜点。如果说一场演讲是有基调的，那么这个基调必然由演讲的最后一分钟决定。它直接决定了观众在听完你的演讲后，对你的演讲产生怎样的印象。此时一个不小心，整场演讲就会功败垂成。

前文我们曾说过，演讲结尾一定要点题。在点题时，你可以重复观点，强化目标，也可以升华主题，令人回味，或者引起共鸣，激发行动。在一场演讲中，收尾的分量就像我们在物理学中学的“惯性”一样，你的收尾越有分量，你的演讲在观众心中滑行的惯性就会越大，达成演讲目标的可能性也就越大。

那么，我们如何来增加这个“惯性”，让自己的演讲在观众心里多“飞”一会儿呢？

一般来说，演讲的结尾有以下几种方式。

❶ > 用金句点出演讲的主题和灵魂

所谓金句，就是你的演讲中思想精华的浓缩。它是用最简单的结构来表达最鲜明的观点，让人们一听就很容易记住，又很值得回味。

> 在《超级演说家》节目中，陈铭在演讲“女人永远是最佳辩手”时，是用这样一句话来结尾的：“所以，在人生的辩场上，女人永远是最佳辩手，男人总是输，女人总是赢，那只是因为——爱。”

在演讲的中间部分，陈铭分别谈到了女人如何善辩、撒娇，男人又如何从之前的说理到后来的深思，发现女人并不是“辩手”，而是一名“裁判”，继而感到悲哀。然后，他进一步引起观众深思，最后在结尾处对前面所讲的内容进行了一个升华性总结，而这个总结“男人总是输，女人总是赢，那只是因为——爱”，就是一句金句，一个“爱”字扣题，干净利落。更重要的是，它点出了此次演讲的主题和灵魂，引发观众进行思考和回味，同时又能呼应前文，让整个演讲浑然一体，结构更加完美。这个结尾也让陈铭从此有了一个标签——站在宇宙中心呼唤爱。可见人们对这个结尾的印象之深刻。

❷ > 用排比句激起情感的共鸣

排比句通常具有排山倒海的气势，用在结尾处，可以将整个演讲的气氛推向高潮，给观众“有力一击”。

在中石化的一次抗疫宣讲中，一位宣讲人的结尾是这样的：

到现在还有朋友问我：“当时那么艰难，到处都没有口罩，你有没有想过放弃啊？”我摇摇头。想到那些坚守在一线的兄弟姐妹，我不能放弃；看着微信群里一句句期盼的话，我不会放弃；回望一代代石油人的奋进精神，我不想放弃。……能尽我微薄之力，为抗疫担一份责任，我内心无比自豪；能够在党和人民需要的地方，书写新时代石油人的责任与担当，我无比荣光！

这就是一个排比式的结尾，句式简单，但情绪高昂，再结合当时演讲的观众和场景，这种排比式的结尾就会把整个演讲氛围调动起来，像是一波又一波的浪潮，把观众推向情绪的最高处。

❸ > 用倡议或表态引发行动的觉醒

演讲归根到底是为了传递思想、引发行动，为了对观众施加影响力。因此在一些演讲中，我们还需要在结尾处表态，这时一般需要用铿锵有力的语言。

我曾看过一名人民警察的演讲，他在结尾时是这样讲的：

“我工作的地方在警察公园边上。上周，公园里的纪念碑上又刻上了一行新字：2018 年因公牺牲的民警数 303。这不只是数字，更是一份沉重，是他们青春永远的定格，是舍生忘死的义无反顾，是视死如归的大义凛然，是一路向前的使命担当。这身藏蓝色，已不只是我青春的颜色，它已融入我的血液，它就是我的使命，是我生命的颜色！守护正义，保卫祖国，我，时刻准备着！”

这就是一个用自我表态来引发观众觉醒的演讲结尾，通过自己看到的、感受到的，来表达自己坚定的信心，同时引发观众的觉醒和共鸣。

除了以上几种常用的结尾，演讲还有很多结尾方式。但不管你怎样结尾，无一例外都是为了对主题进行强调和升华。如果要把一篇演讲稿浓缩成几句话，那么这几句话一定是在结尾部分，因为结尾是演讲者表明自己演讲意图的地方，它告诉大家我为什么站到这个舞台、我要向观众传达什么、想让观众明白什么。所有这些，都是为了把自己的思想要点再次强化和渲染，以达到感染他人的目的。

因此，如果你想要达到余音绕梁、必有回响的演讲效果，如果你想在观众的尖叫声和欢呼声中完美离场，那么你的演讲结尾就必须精彩。

第四章

亮点打造：让你的演讲令人难忘

演讲最怕什么？最怕你挥一挥衣袖，没留下一片云彩！能让人记住的演讲，一定是有特色、有亮点的演讲，而且大多具备以下两个特点：一是内容或观点独特新颖，让人耳目一新；二是语言生动易记，让人印象深刻。除此之外，还包括使用一些必要手段，比如运用修辞、幽默，打造金句，展示细节等。所以，对一个有经验的演讲者而言，设计自己演讲中的高光时刻，是打造一场出色演讲的重要手段。

共情：引发观众的共鸣

一个人很会说话，我们会说他“情商高”，但决定一个人情商的其实是一种很重要的能力，叫作共情能力。它的意思是说，一个人能通过细微的信号敏锐地察觉到他人的情绪，同时能够及时调整自我以适合他人的情绪。

在演讲当中，如果你想把自己的观点装入观众的脑袋里，就要善于识别并调动观众的情绪，让观众的情绪能始终跟随你的演讲内容，与你的演讲形成共鸣。简而言之，就是要让观众与你实现“共情”，这样你的演讲才有可能成功。

这需要我们具备一种能力，叫作“同理心”。我们每个人天生就有同理心，就像每个人天生就有“味觉”一样。你在品尝一道食物时，感觉咸了或淡了，别人基本上也会感觉到。或者像我们看电视剧时，会因为剧中人物的遭遇而悲伤，也会因为他们的快乐而快乐。这些都是同理心，共情能力就是建立在同理心基础之上的。

出色的演讲家一定是善于使用同理心，善于在自己和观众之间搭建起一座“共情”的桥梁的高手。他能够感知情绪，并善于调动情绪，能通过打造演讲中的“泪点”“笑点”“痛点”，营造出恰到好处的演讲氛围，从而激发观众的情绪，成就一次精彩的演讲。

在《我是演说家》节目中，主持人马丁曾讲述了自己与父亲的关系。在开始时，听众都被父子二人几十年的“宫斗”逗乐了，但是笑着笑着，有的人就哭了。因为在马丁的演讲中，听众看到了熟悉的影子，看到了自己与父亲的关系。

下面是马丁的演讲中的一部分：

“我的父亲身上有着无数中国父亲的缩影，他传统守旧，但是他一辈子都恪守着做人的良善和职业的尽责。我的父亲节俭甚至吝啬，但是当我买房的时候，他把省吃俭用下来的每一分钱都拿了出来，毫不犹豫。我的父亲一辈子都在奋斗，为了家人，为了孩子，为了孩子的孩子，但是唯独忽视了他自己。

“爸，如果有来世，我希望能跟您再做一回父子，我们交换一下位置，我做爸爸，您做儿子……爸，给我一个机会，让我把您给我的爱，加倍地还给您，让我们再续一世情缘。

“爸，我很想您。”

当最后一句“爸，我很想您”说出来时，很多观众已经泣不成声。

马丁的这段演讲，感人之处不在于他与父亲怎样诀别，他只是描述了自己眼中的父亲的形象，那个并不完美却真实生动的父亲，那些琐碎生活中的点滴，映射出了中国大多数父亲的影子，就像朱自清笔下的《背影》，寥寥数笔，催人泪下，极大地引发了观众的共鸣。

也就是说，马丁把自己真实的内心世界呈现在了观众面前，而这个内心世界恰巧也是大多数中国人的感受，那些画面一直都存在于每个人的心里，只是马丁把这些话说了出来，所以才会深深打动观众。

这个演讲的亮点就是最后那句朴实但深情的表白："爸，我很想您！"这句话是说给谁听的？其实是说给自己听的，父亲已经不在了，这句话中包含着很多的情感，有思念，有遗憾，有感谢……所以这句话一说出来，观众泪目。这就是利用"共情"打造出来的演讲中的泪点。

我们常说"感动自己的才能感动别人"，你的话能够深入自己的灵魂深处，才能震撼观众的内心。所以，要让你的演讲成为一道"硬菜"，就要学会运用同理心，实现与观众的共情。如此一来，你的演讲想不精彩都难！

那么，我们到底怎样与观众实现共情呢？我在这里跟大家分享两种方法，希望对你的演讲有所助益。

❶ > 找准受众群体，制造情感共鸣点

演讲，不仅仅是演讲者站在台上说话，更需要演讲者用心去讲述。台下听你演讲的观众可能来自四面八方，年龄不一，但有一点可以确定：他们都富有情感，内心都有柔软的地方。在演讲过程中，如果你能将自己的真情实感投入其中，必然能让观众感同身受，震撼他们的心灵，这样的演讲必然成功。

就像前文中马丁的演讲，他描述的情感体验是“父爱”，这个话题的受众群体非常大，基本上涵盖了所有中国人。而马丁所描述的父亲形象也是中国大多数家庭中的父亲形象，父爱也是这样一种隐忍和深沉的表达。这就是情感共鸣点，找到了这个点，就能实现共情。

因此，在演讲过程中，努力为你的演讲找到合适的受众群体，甚至尽可能地扩大受众群体，这是很重要的。因为共鸣一定建立在感同身受的基础上，把大多数人拉到你的阵营里，你就有了成功的基础。尽管你的经历可能不一定所有人都经历过，但相似的情感体验观众一定会有。

我曾参加过一次公安战线的演讲比赛，在比赛中，一位维和警察的演讲给我留下了深刻的印象。他演讲的题目叫“我和我的祖国”，他在演讲中说道：

“利比里亚曾经是非洲最富裕的国家之一，但是战争把这

里的一切都毁了，变成了全球最贫困的国家之一。那里物资匮乏，物价奇高，一棵白菜要100元人民币。在那里，我们需要自己做饭，否则就只能饿肚子。有一天下班晚了，我买了当地的面包，一口还没吃就被内战留下的残疾人围住了。他们一把抢走了面包，三口两口吃进了肚子，其中一个人说：‘对不起，先生，我三天没有吃东西了。’在那一刻，从他们绝望的眼神里，我感到了深深的恐惧，因为我一下子就想到了我的家人、我的小孩，他们会落入如此悲惨的境地吗？第一次，祖国是如此的具体。我的祖国，没有人忍饥挨饿！”

这个演讲者的经历我们大多数人都没有，但没关系，这并不影响我们理解一种共同的情感，那就是“爱国”。

“爱国”这个话题并不好讲，稍有不慎就会陷入喊口号、树标语的大话、空话、套话中。但是，这位维和警察的演讲却将这种情感落地了，他用一个故事把观众全部拉入他的阵营中，而亮点就是最后那句话：“我一下子就想到了我的家人，我的小孩……第一次，祖国是如此的具体，我的祖国，没有人忍饥挨饿！”只要是中国人，听到这句话，都会产生情感共鸣。这一刻，每个中国人也都会由衷地感慨，爱国之情被激发出来。这就是情感共鸣点。

❷ > 说真话，抒真情

也许有人觉得，找受众群体、制造情感共鸣点是件很刻意的事，其实不然。在演讲时，只有打开心门，真诚地分享，说真话，抒真情，你的语言才具备打动人心的力量。

我曾经辅导过一位参加过抗击新冠肺炎疫情工作的护士，她从来没有演讲过，但我第一次听她演讲就掉泪了，在场所有的人都为她鼓掌。她在演讲中说：

“我有一个10岁的儿子和一个刚满2岁的小女儿，在疫情初期，我就把他们送到我爸妈家了。我送东西回去的时候，没敢上楼，因为那时我已经在血透室支援一段时间了，虽然没有接触确诊患者，但因为工作环境，还是会害怕传染家人。我们的同事为了保护家人，基本都和家人分开住了。当时，我就站在一楼大门口，和二楼的他们隔窗喊话，我没告诉我爸妈和儿子我是去采样的，我只说了我是进红区……我到现在都很清晰地记得，我女儿还小，不知道发生了什么，只是看见我就拿书去找小星星，那是我们还在一起的时候我教她唱的，可能觉得那是和妈妈在一起时看过的、唱过的小星星。我儿子特别难过，但一直忍着，故作坚强，他说；‘妈妈，很危险，你可不可以不要去？’我说：‘总是要有人去的！你别怕，妈妈会平安回来！’说这句话的时候，我心里特别没底气，我也不知道我会怎样，但，我只能那么说，说给家人听，也说给自己听。转身走的时候，我儿子突然大声叫住我：‘妈妈，你别怕，遇事要镇定，事情越大越要镇定！’这是之前儿子出去比赛时我宽慰他的话，现在换他来安慰我，看着他一夜长大的样子，我当时特别难受……”

这段演讲看起来很像是在接受采访，语言没有任何粉饰的痕迹，有一种一个人在那里喃喃诉说的画面感。当时这位演讲者几乎也没有任何手势动作，眼望远方，是一种回忆的状态。但她让我感觉到，她的每一句话都是真实的，是发自内心的。尤其是加上一些场景的细节描写，画面感和代入感都非常强。这种状态就天然地具备了一种力量——让人沉浸其中的力量，这个力量就是“真实”。

演讲者一定要说真话、抒真情，这不仅是对一个演讲者道德层面的要求，更是一个好的演讲的必备条件。这个世界上之所以有测谎仪，是因为一个人说谎的时候，一定不会完全自然和放松。更何况公众演讲，在这么多人面前说谎，几乎没有人能做到。

总而言之，要评判一场演讲的好坏，观众喜欢就是最佳的评判。当你真正关注演讲的时候，你会发现，不好的演讲各有各的问题，但好的演讲总是相似的：它必定会触及人的心灵，带给人新的感悟，能让人实现共鸣。这就是演讲的魅力。演讲里那些发人深省的见解和思考，就是演讲的“内核”；那些动人的语言、真实的故事，甚至彼时彼刻演讲者说话的表情，就是让你感同身受的关键点。很多年以后，你可能忘记了这个演讲者说过的话，但他带给你的心灵感受一定会永远留存在你的记忆里。这就是共情的作用。

修辞：让语言更灵动

在演讲中，如果你学会恰当地运用一些修辞手法，不但能提升演讲的整体质量，增强说服力，还更容易让听众接受你在演讲中传达的意见和观点。

电影《印度合伙人》的主人公名叫拉克希米，是个印度人。他做了个创业项目——生产卫生巾，但由于当时的印度思想封建保守，女性地位低下，社会根本无法接受他这个职业，他也因此招来很多麻烦，甚至被人当成流氓、变态。

但是，这一切都没有影响拉克希米，他克服种种困难，在思想开明的现代女性的帮助下，成功地研制和生产出了质高价廉的卫生产品，改变了印度女性生理期护理方面旧有的不科学传统，同时也解决了很多印度女性的就业问题。

这在印度历史上是一个创举，拉克希米也因此受邀到联合国演讲。于是，拉克希米在影片中进行了一段长达 13 分钟的演讲。在开场时，他说：

“向所有到场的联合国贵宾致以我最诚挚的问候！我现在有些紧张，因为我从来没有站在这样严肃的舞台上，当着这么多人的面发表过演讲。……我没上过学，没学问，不会拼写，更不懂语法，但你们都能听懂。是的，英语就像出租车，能把我的感受带给你们，好了吗？准备，开始打表！”

拉克希米的英语并不好，词汇量也很少，所以他只能使用最简单常用的词汇演讲。为了让观众听懂他的话，他运用了一个巧妙的修辞——“英语就像出租车”，把英语比作出租车，并且用“准备，开始打表”的生动语言，开始下面正式的演讲。

拉克希米运用的就是修辞手法中的比喻，并且用得非常恰当，语言的作用不就是如此吗？而我认为，如果把演讲比喻成出租车也非常合适，就是把自己的思想带到观众的脑袋里，多么生动、鲜活。

由此也可以看出，在演讲中运用一些修辞技巧，不但能增加语言的趣味性、灵动性，还能让观众印象深刻，快速记住你所讲的内容。

通常来说，我们在演讲中所使用的修辞手法包括以下几种。

❶ > 比喻

比喻是演讲中最常用的修辞方法。就像拉克希米的演讲一样，通过运用形象的比喻，让演讲内容更加生动、易于理解。

我曾经在知乎上看到这样一个问题：你听过最好的比喻是什么？

有个热门的答案是："约翰·克特兰（美国著名萨克斯管演奏家）有一次掉了一颗门牙，迈尔斯·戴维斯（美国著名爵士乐手）说他笑起来像钢琴。"

当你看到这句话时，是不是脑海中已经有了一排牙齿的中间少了一颗的画面？这显然要比你用各种华丽辞藻堆砌起来的语句更形象、更直观。

《奇葩说》有一期的辩题是："如果有一种芯片技术，可以让全人类大脑一秒知识共享，你支持吗？"

反方辩手薛兆丰做了个形象的比喻。他说：

"我们想要锻炼出肌肉（像是我们的智慧），就需要从外部世界去拿肉来补充，比如吃一块鸡肉。但这个肉吃下去，并不能直接转化成肌肉，我们需要咀嚼、消化，才可以变成自己的东西。那么奇葩星球发明了一个技能，它可以自动帮你获取外部世界的肉，不需要消化、不需要咀嚼。想想那个场景，最终你只会变成一个无限臃肿的胖子而已。”

通过把外界的知识、能力等比喻成“鸡肉”，我们马上就能理解辩手不认同“知识共享”这个观点。

所以在演讲中，当你需要向观众解释一些难以理解的概念、观点或方法时，直白地讲可能比较抽象、难懂，而把抽象的文字换成形象的比喻来表达，效果就会非常好。

❷ > 排比

排比句在演讲中的作用主要是加强语气和语义，因为排比句往往具有一股强大的力量，能够烘托气势，将整个演讲的气氛推向高潮。历史上很多著名的演讲家都喜欢使用排比句，比如丘吉尔、马丁·路德·金等。

我曾经受湖北省图书馆和汉阳区文旅局的邀约，参加了“书说汉阳”大型讲书活动。在这次活动中，我以“敢为天下第一”为题做了一场演讲。在演讲的结尾部分，我就运用了排比。我是这样讲的：

“对一个人来说，心有多大，世界便有多大。敢当天下第一，需要的不仅是梦想，还有迎难而上的勇气和智慧。对这个社会来说，我们需要这样敢当第一的人，那个第一个说出地球是圆的的人，第一个发明蒸汽机、引领世界走向工业化的人，第一个登上月球的人，第一个喊出‘驱除鞑虏，恢复中华’的人，我们总能记住他们，因为正是他们引领我们走向更好，是他们推动了这个社会的进步和发展。这就是为什么他们会成为伟人，因为他们所做的事业，开世界之先河，对这个社会起到了独一无二的作用，即使历经千百年历史长河的冲刷，人们也总能记住他们。这就是为什么，我们今天可以坐在这里谈论张之洞；这就是为什么，那条路叫张公堤；这就是为什么，一座城市会为他一个人建造一座博物馆。我想，这就是这个敢为‘天下第一’的湖广总督，为我们这座城市留下的城市精神——敢为人先，追求卓越。读一本书，品一座城，领悟一种精神，这就是这本《张之洞》告诉我的。”

这次讲书的主题和宣传语是“读一本书，品一座城，领悟一种精神”，我在其中用了4个“第一个”和3个“为什么”，来对整个演讲观点和主旨进行强化，并且在结尾处再次强调活动宣传语，从而起到了个人主题和活动主题的双重点题。用排比句造势，再用金句结尾，使高潮之后又有了一个戛然而止的落点。

❸ > 设问

设问就是演讲者自问自答，目的是引起观众的关注和思考。

设问可以用在演讲标题中，《超级演说家》里也有很多这样的演讲，比如“我们为什么要辩论?”“小强是怎样炼成的?”。

同时，设问还可以用于演讲正文中，用来调节演讲现场的气氛，激发听众的兴趣和热情，还能让演讲者牢牢地掌握住演讲的主动权。

丘吉尔在著名的“出任首相后的首次演讲”中，就运用了设问。他是这么说的：

“你们问：我们的政策是什么？我说，我们的政策就是用我们的全部能力，用上帝所能给予我们的全部力量，在海上、陆地和空中进行战争，同在人类黑暗悲惨的罪恶史上从未有过的穷凶极恶的暴政进行战斗，这就是我们的政策。

“你们问：我们的目标是什么？我们可以用两个字来回答：胜利——不惜一切代价，去赢得胜利；无论多么可怕，也要赢得胜利；无论道路多么遥远和艰难，也要赢得胜利……”

在前面部分，丘吉尔主要讲述了新政府的情况，阐明了新政府的态度、政策等。到后面部分，丘吉尔运用了两个设问，既全面阐述了自己的主张，又酣畅淋漓地表达了自己的情感，从而让演讲达到最高潮。

总之，要想让你的演讲更加精彩、生动，更加准确地向观众传达观点和思想，修辞绝对是一个可以认真打造的亮点。那些深受人们喜爱的领袖，都是善于运用修辞技巧的演说高手。如果你也想让自己的演讲富有感染力、说服力和艺术表现力，就要在演讲中巧妙地运用好修辞这一技巧。

幽默：瞬间拉近与观众的距离

诙谐幽默是演讲的一种风格、一种特色，同时也是一种亮点。那些让人忍俊不禁的笑点，往往让人记忆深刻。就像我一直强调的那样，听众可能会忘记你演讲的内容，但不会忘记你带给他们的感受。笑声往往能够带给听众愉悦的感觉，让他们开心，同时也令他们更难忘。

很多人都听过岳云鹏的相声，也很喜欢这位相声演员，亲切地称他为“小岳岳”。“小岳岳”之所以受人喜欢，就是因为他的相声中有很多特别幽默风趣的“包袱”。

比如，小岳岳的经典名曲《五环之歌》。他选用的曲子源自《牡丹之歌》，这首歌曲众所周知，是一首典型的抒情歌曲，其中高潮处的歌词是：“啊——，牡丹，百花丛中最鲜艳；啊——，牡丹，众香国里最壮观……”

所以，当小岳岳唱出“啊——，五环……”的时候，观众都知道后面应该是一句抒情的词，然而，他却唱出了“你比四环多一环，啊——，五环，你比六环少一环……”

这种唱词听起来似乎很俗气，但结果却出乎所有人意料，观众听后自然会捧腹大笑。

这就是幽默的效果。我们现在一提到“小岳岳”，立刻就会想起他的《五环之歌》，甚至能随口唱出来，可见这个段子给我们留下的印象之深。

所以，如果你善于在演讲中加入一些幽默搞笑的元素，不失为一种打造亮点的好方法。这种亮点既能活跃现场气氛，还能瞬间拉近与观众的距离。

在《开讲啦》节目中，曾有一期是著名留美脱口秀高手黄西的演讲。他的演讲题目是“不完美，怎么了”，他是这样开场的：

“我是黄西，黄瓜的黄，西瓜的西，我今天讲演的主题叫作‘不完美，怎么了’。首先声明，这个主题不是和我的相貌有关的，尽管我的长相非常适合这个主题。”

黄西一上来就拿自己的长相自嘲，跟观众开了个玩笑，逗笑了大家，与观众之间的距离一下子就拉近了。

可能有朋友要问了，既然诙谐幽默的效果这么好，那我们怎样在演讲中运用呢？

方法很简单，我认为只需要两步：第一步，事先做好铺垫，给观众预期；第二步，推翻你的预期，制造意外。做到这两点，你的幽默点就被激发出来了。

我曾参加过“武汉东湖风景区建区70周年”主题演讲比赛。比赛中共有10位选手，最后一名选手是东湖管委会财政局的一个女孩子。她走上台后是这样说的：

“大家都说东湖美，如果我说我看不见她的美，你们一定觉得很奇怪。前段时间，东湖梅园的樱花开了，我和朋友相约赏花。面对落英缤纷，大家都纷纷拿出手机拍照，都赞叹这樱花的美，我却站在一旁嘟哝了一句：‘可不是嘛，去年的景观升级维护又花了几百万呢！’别人看见的是花，我看见的却是道路养护多少钱，园林修护多少钱，水域治理多少钱……”

这个从事财务工作的小姑娘的演讲一下子就把大家逗笑了，给观众留下了深刻印象。

首先，她做好了各种铺垫，如东湖的樱花开了，人们纷纷前去赏花、拍照，给观众的预期就是：东湖的樱花真的很美。

接着，她的话锋一转，制造了一个意外：“去年的景观升级维护又花了几百万呢！”推翻了观众的预期。观众也感到很意外，自然就笑起来了，同时还记住了她的职业。

这个亮点打造得就很有力道，既在意料之外，又在意料之中，极具个人特色，让观众对她的好感倍增。这就是演讲的亮点。

由此可见，演讲者先慢慢带动听众的情绪，让观众产生好奇、感动、紧张、激动等感受，然后再来一个突然转折，让观众堆积的情绪瞬间释放，就像气球被放了气一样，这个释放的瞬间就会让观众发笑。如此一来，你打造的亮点就展现出来了。

不过，要想在演讲中成功地运用诙谐幽默的段子，我们还要注意下面几个要点。

❶ > 幽默段子不能低俗

为了增加演讲效果，你的演讲中可以有诙谐幽默的段子，但一定不能低俗，更不能带有性别歧视或有害风序良俗的内容。这是一个基本原则。

有一家公司曾经在郑州的一所大学内举行招聘会，因为不限招聘专业，吸引了很多学生积极参加。但在宣讲会上，该公司的招聘负责人却当众说道：

“如果你是英语或阿拉伯语专业的学生，都可以加入，因为我们有海外市场；如果你是日语专业的学生，那你可以走了，或者可以送你去从事电影事业！”

稍有常识的人都明白，这句“从事日本电影行业”背后蕴含着怎样的低俗与偏见。因此，当时很多日语专业的学生都认为自己受到了羞辱，有人当场离席，并要求该公司当众道歉。

真正懂得诙谐幽默的人，并不是靠讲低俗段子，而是既能传达自己的观点，又能让人捧腹。

❷ > 笑点要少而精

在演讲中打造笑点，一定要少而精，不能多而杂。

首先，观众一直在听你的笑点，可能就会忽略你通过笑点传达出来的思想和观点。这样一来，你的笑点就会喧宾夺主，失去了“绿叶”作用。

其次，任何事情都过犹不及，笑点太多的话，观众会产生疲劳感，同样影响演讲效果。

❸ > 笑点要有内涵

笑点要符合演讲的语境和主题，具有一定的内涵，不光能让观众笑，还要能给观众留下深刻印象，让观众难忘。

> 在《脱口秀大会》中，有一期是李雪琴以“爸妈手把手教我结婚”为主题进行表演。她在其中就打造了一个笑点。

> 她说，自己的父母离婚，然后又各自再婚，但是爸爸妈妈经常对她催婚。尤其是她的妈妈，经常走苦情路线催婚。最后，李雪琴说："爸妈你们就别操心了，都说父母是孩子最好的老师，就结婚这个事，你们俩都手把手教我三遍了，我怎么都能学会了。"

这种看似诙谐搞笑的调侃背后，其实是一种深深的悲伤和落寞。把真正悲伤的事情用喜剧的方式表现出来，效果会达到极致，所以有时幽默与悲情是天然的同盟军。电影《你好，李焕英》就是以喜剧的形式讲述了一个悲剧的故事，给人带来的感觉是很强烈的，笑过之后，会体验到一种深深的悲伤。

这也是越是悲伤的事情，如果你用看似轻松甚至搞笑的方式来呈现，就越让人难以忘怀的原因，因为它能深深触动人们的心灵。所以在很多时候，悲伤的情绪不是用哭来体现的，而是用笑，这是有经验的演员才能做到的。

金句：从头到尾都抓魂

金句是什么？是好懂又好记的句子，是语言浓缩的精华。看过电影《哪吒之魔童降世》的朋友，几乎都能记起哪吒说的一句话："我命由我不由天！"这就是金句。而它之所以让我们印象深刻，是因为它出现在矛盾冲突最激烈的时刻，是来自人物内心的呐喊，因此一瞬间就点亮了整部影片，凸显出了影片的主题思想。

一部 80 分钟的电影，人们可能只记住了这样一个金句，而一场 8 分钟的演讲，你能让人记住几个句子呢？

很多电影都会因为一两句金句而令人难忘，比如电影《后会无期》中的一句台词："小孩才分对错，大人只看利弊"。连锁便利店"Today"最大的特色就是擅长使用金句，你常常可以看到这个品牌的广告以金句的形式出现，让人印象深刻，比如"每天叫醒你的是闹钟还是梦想？""不要在最该吃苦的时候选择安逸”。《奇葩说》里面到处都是金句，何冰的演讲“后浪”也是金句连连。金句就是一部作品的灵魂。在演讲中尤其如此。

在演讲中，金句有时候是以重复的形式出现的，除了表示强调，更重要的功能是让你记住演讲者的核心观点。

在“一席”演讲中，北京大学教授李迪华以“‘与人为敌’的人居环境”为题做了一番演讲。李教授以爱默生的名言“你的善良必须有点锋芒，不然就等于零”开场，最后也用这句名言结尾。这既是一种首尾呼应，也是一种重复，目的就是重申观点，强化观众的记忆。

这里需要注意的是，如果你选择使用重复的语言，必须要让语言短小精悍，不能是很长的句子。重复的目的是为了强化记忆，而太长的语句显然是不容易记忆的，达不到记忆的效果，重复就没有意义了。

重复的方法不仅可以用在某一句话上，还可以是某种句式结构的重复。比如，马丁·路德·金在“我有一个梦想”的演讲中，就不断以“我有一个梦想”进行重复。这种重复既能让格式更加整齐，又能强化记忆，不失为一个打造金句的好方法。

通过上面的阐述，我们会发现，金句至少具备几个显著的特点，就是：字数要少，结构简单，格式整齐，重复运用。这也是源于传播的要求，金句肩负的使命，就是让人们记住。任何大道理，都可以用简单的语言来解释，而演讲高手总是能把复杂的语句简单化，这就是金句的魅力。

那么，打造金句有没有方法呢？

答案是肯定的。我给大家做个简单的归纳。

❶ > 善用类比

类比与比喻很像，它是为了解释或说明一个抽象观点，用一个和道理 A（客体）有共同特征、观众熟悉的例子 B（主体）去解释，从而让观众触类旁通。这时，我们就可以制造金句。比如：

- 怀才就像怀孕，时间久了总会让人看出来。
- 调查就像“十月怀胎”，解决问题就像“一朝分娩”。调查就是为了解决问题。
- 你们把传统的变成现代的，把经典的变成流行的，把学术的变成大众的，把民族的变成世界的。
- 危和机总是同生并存的，克服了危即是机。
- 懂你的人不言而喻，不懂你的人百口莫辩。

……

❷ > 下定义或做判断

这种方法主要是用一种简洁、明快的语言，对事物本质特征或一个概念的内涵、外延做出确切而概括的说明。比如：

- 愧疚是最大的负能量。
- 任性是被低估的美德。
- 演讲就是生产力。
- 生活的最佳状态就是冷冷清清地风风火火。
- 每个优秀的人，都有一段沉默的时光。那段时光，是付出了很多努力却得不到结果的日子，我们把它叫作扎根。
- 时代是思想之母，实践是理论之源。

……

❸ > 使用关联词

我们平时用的关联词很多，有些关联词就可以打造出金句，这些关键词包括“不是……而是……”“不止……还有……”“无……不……”“不是……就是……”“如果……就……”“只有……才……”等等。比如：

- 生活不止眼前的苟且，还有诗和远方。

- 无思想不演讲，无记忆不传播。
- 百鸟朝凤，不是因为凤会搞人际关系，而是因为她是凤。
- 只有真实，才有直指人心的力量。
- 要是所有人都理解你，那你该普通成什么样子。

……

4 > 句子要朗朗上口，富有韵律

一般来说，诗词歌赋中的语言都富有韵律，读起来也更为顺口，但在演讲中引用时，一定要选取那些常见的、好懂的。比如：

- 山无棱，天地合，乃敢与君绝。
- 黑夜给了我黑色的眼睛，我却用它来寻找光明。
- 年年岁岁花相似，岁岁年年人不同。
- 路漫漫其修远兮，吾将上下而求索。
- 明镜所以照形，古事所以知今。

……

通过上面的总结我们可以看出，金句就是一种凝练的语言，要让人听得懂、记得住，简单有力地传达出你的理念和观点。这样的句子，一定可以成为你演讲中的经典语句。

说到这里，可能有人会担心，金句比较凝练，对观点的表达也是简单的、直接的，那么它会不会很难把观点讲清楚呢？

这个问题我们不需要太担心，因为演讲中几乎有 80% 的内容是用来解释观点的，金句的作用只是便于总结和记忆，不需要太较真。

比如，畅销书作家李尚龙在给自己的书起名字时，就特别擅长使用金句，而且都达到了很好的效果，比如《你只是看起来很努力》《你没有退路，才有出路》。这些书名本身也是金句，带有观点，具有很强的传播性。

所以，金句是可以广泛使用在很多地方的，有金句的演讲更令人回味，让人难忘。

细节：渲染主题，彰显力量

在一场演讲当中，打造亮点的方法有很多，除了前面介绍的运用修辞、制造金句等，演讲内容中的某些细节也可以成为亮点。尤其是在讲故事时，故事中的某个细节描述不但能增加故事的趣味性，让故事更生动，还能渲染主题，彰显力量。

2019 年，在“中国少年说”全国中学生演讲大赛中，有一位参赛选手给我留下了深刻的印象。

这位选手是个女孩，在国外上高中。在演讲中，她讲述了一个自己亲身经历的故事。那次演讲比赛的主题是“厉害了我的国”，她就讲到自己和同伴在国外求学的经历。其中有一段是这样讲的：

“有一次在图书馆看书到很晚，天很黑了，我和同伴一起回宿舍。走在夜路上，周围寂静一片，不知是因为寒冷还是害怕，我感觉自己在发抖。为了壮胆，我决定一边走路一边唱歌，唱什么歌呢？那时候脑子里突然就冒出一个念头，唱国歌吧。于是，在这条寂静漆黑的夜路上，我和同伴手牵着手，大声唱着中华人民共和国国歌：'起来，不愿做奴隶的人们，把我们的血肉筑成我们新的长城……'唱着唱着，我感觉自己的身体不再那么僵硬了，不再发抖，手暖了，心里涌起阵阵暖流。在异国他乡的土地上唱起的这段旋律，让我感受到来自祖国的力量……"

这是一段细节描写，真实地再现了一个在异国求学的女孩的经历和情感体验，给人的感觉真实而深刻。

作为一个中学生，关于祖国的话题一般会从哪些角度来演讲呢？不可能去谈大道理，不可能去博古论今，更不可能去谈国际形势和国家发展，那么就只能从小处着手，从自己真实的生活中寻找素材。而这个女孩所讲述的内容就来源于她的真实生活，情感真挚，定位清晰。尤其是故事里的细节包含了许多内容，有异国求学的艰难与不易，有热爱祖国的民族情感，有一个普通学生对祖国强大的期盼……这些细节组成了这个演讲的亮点。而且，这样的亮点一个就足以震撼人心。

通常来说，文学作品中成功的细节描写都会让读者印象深刻。比如，我们上学时学过的一些课文，可能已经很难记住全文了，但其中的某些细节描写总能在我们的脑海里留下深深的烙印。如在《孔乙己》中，作者对孔乙己外形的描写："穿的虽然是长衫，可是又脏又破，似乎十多年没有补，也没有洗。"在描写孩子们要来抓孔乙己的茴香豆时，孔乙己"伸出五指将盘子罩住"，最后付钱时，"排出九文大钱"……这些画面让我们印象深刻。即使我们没有看到真正的孔乙己，也能想象出他的样子、他的动作、他的表情。

成功的细节描述同样能让演讲更富有感染力，让你的观点和内容更加深入人心。这其实就相当于在观众的大脑中展开了一幅生动的画面，让观众"身临其境"，并感同身受，为之动容。

有一次，我和一位汽车工程师朋友聊天。他是研究汽车发动机的，我问他，我曾在一个电视节目中看到，有人能仅凭汽车发动机的声音就判断出它的转速，可以知道这辆车正在以什么样的速度行驶，这是真的吗？

朋友笑了笑，并没有直接回答我，而是反问我："陈老师，您有孩子吗？"我点点头。

他接着说："那您一定对照顾孩子深有体会。我家宝宝不到1岁，很小，我因为工作原因常常不在家，孩子都是老婆在照顾，我基本不怎么管。今年我休了个假，想在家帮忙照顾下孩子，给老婆减轻负担，结果发现，这个活儿可不好干啊！孩子老哭，我也不知道她为啥哭，也不知道该怎么哄。我老婆就告诉我，宝宝这样哭，是因为饿了，要给她冲奶；宝宝那样哭，是因为困了，要哄她睡觉；还有一种哭是因为拉了，要赶紧换尿不湿。我才知道，原来哭有这么多名堂，我是分辨不出来的。我问老婆是怎么听出来的，她说：‘我带得多了，听得多了，自然就了解了。’我是一个研究汽车发动机的，每天跟发动机待在一起，听得多了，细微的差别自然就能分辨出来。”

我连连点头表示赞同，觉得他讲得很有道理。他接着说：“所以，时间花在哪里，成就就在哪里！您说是吗？”

朋友的这段话简直就是一场小演讲，虽然只有短短的二三百字，但层次分明，观点清晰，开头提问引入话题，中间故事论述观点，结尾金句总结观点。尤其是结尾的金句，对整段演讲起到了画龙点睛的作用，让人若有所思，回味无穷。

再仔细分析这段话，我们还会发现他讲故事时的细节描述，对小宝宝的几种哭声做了分类阐释。这就让他的这段演讲特别生动，似乎我们眼前就有一个小宝宝正在哭闹，而我们却不知道他为什么哭……不仅增加了演讲的感染力，还让每一位做妈妈的人立刻就能感同身受。这要比你说出大段煽情的话更能感染人、打动人。

综上所述，一个演讲高手，一定善于在自己的演讲中打造各种“高光时刻”，也就是那些让人印象深刻的亮点。这些亮点或让观众深受触动，产生共鸣；或让观众开怀一笑，觉得有趣；或让观众恍然大悟，醍醐灌顶；或让观众陷入沉思，听有所获……

不过，在一场演讲中，这样的点也不能太多，亮点太多等于没有亮点。所以，要想让观众记住你，就需要演讲者结合自己的演讲目的进行深入思考，挖掘和提炼出自己最有特色的地方、最重要的道理、最新颖的观点，然后再进行亮点的出场设计。

第五章

台上风采：全方位秀出你自己

虽然演讲者要靠内容赢得观众认同，但也不能忽视其他要素的力量。很多时候，演讲者尚未开口，台下观众就开始为其打分了。为什么？因为演讲者的形象和台风同样重要。都说现在是个看脸的时代，高颜值能带来好运气，这说明追求美是人的本性。而演讲作为一种公众传播手段，演讲者也必须注重个人的形象管理和台风。就像食物的美好色泽能让人产生食欲一样，演讲者良好的外形、姿态、声音、表情等，同样能给观众留下好印象，进而激起他们想要进一步听你演讲的欲望。

服饰：穿什么演讲很重要

对演讲者来说，在演讲时穿什么衣服，搭配什么样的妆容，是很有讲究的。因为你的形象在一定程度上会影响到观众对你的第一印象，如果观众对你的第一印象不好，不管你讲的内容多么精彩，都会在一定程度上削弱你的演讲感染力和影响力。

说到这里，可能有的朋友会说，演讲嘛，当然应该穿正装，这没什么可纠结的吧？

这样说未免太绝对了。演讲者应该根据演讲的主题和内容来选择服饰。在一些庄重的场合，穿正装当然是最合适的；但在一些轻松的演讲中，穿正装就会显得格格不入。在服饰的色调选择上，也有一些特殊的要求。

著名的 TED 演讲对所有演讲嘉宾的着装都是有要求的。比如，不要穿带有条纹或图案复杂的服装，也不要选择颜色过于亮丽或有闪光珠宝的衣服，以免影响拍摄效果。

此外，所选的衣服颜色最好与舞台的灰色背景形成反差，这是为了避免拍摄时演讲者整个人融入背景之中，而形成反差可以凸显出演讲者的整体形象。

就连在不同地方举办的 TED 小演讲，对演讲者着装也有要求。比如在华盛顿特区和旧金山举行的 TEDMED 演讲中，演讲者可以穿休闲装；而在曼哈顿，着装风格一般偏舒适，不穿正装也没关系，可以穿牛仔裤、羊毛衫等。

这些情况说明什么？说明演讲者在演讲时，一定要根据不同的环境、听众喜好以及演讲主题和内容等选择合适的服饰。

以我的个人经验，演讲者在服饰选择上大体可围绕“一个中心、两个符合”来把握。

❶ > 以演讲主题和内容为中心

所谓“一个中心”，是指演讲者的服装选择必须以演讲的主题和内容为中心。比如，以“庆祝中华人民共和国成立 70 周年”为主题的演讲大赛、公司竞聘演讲、主题论坛或工作报告等，都属于比较庄重的主题，演讲时的服装基调也应该是庄重的，因而必须选择正装。

正装在演讲场合也是用得最多的。在服装样式上，男士要求着衬衫、西装，女士着职业套装，而且要做到“有袖，有领，有扣”。

（1）男士的正装搭配

就正装来说，男士的选择相对较少，基本以西装、衬衫为主。服装款式可以有设计感，但样式最好简单大方，不要过于复杂。

这里要注意的是，西装也分正式和休闲两种。正式的西装要求衬衫配领带、皮鞋，并且衬衫要扎进裤子里。休闲的西装可以不系领带，衬衫扣子也不必扣到第一颗，但衬衫还是要扎到裤子里，这样会让演讲者显得清爽干练。鞋子也要选择皮鞋，不主张走七分裤、露脚踝的时尚风。

在服装色彩选择上，正装要做到不跳色、不花哨，西装或衬衫色彩最好是净面的。如果有花纹，也要以暗纹为主。颜色要柔和、大气，黑、白、灰、深蓝、深棕、深红等深色系都可以，但全身上下不要超过 3 种颜色，重点是不要过于艳丽醒目，总体上要让男性显得稳重、大方。

在相对轻松的场合或环境下，如公司年会，男士可以穿礼服入场，领带也可以换成领结，西装则可以换成俏皮的燕尾服。

（2）女士的正装搭配

女士的正装选择范围相对男士要广一些，款式色彩也比较多，但同样有正式和休闲之分。从整体上来说，女士的正装要求无褶皱，如果衬衣宽松柔软，则下衣要板正规范；如果上衣为板正规范的西装，下衣可选择宽松的裙装。

但有一点要特别注意，女士的服装一定要做到不暴露，衬衣不可过紧、过透，质地以不透出内衣的痕迹为标准；裙装也不可过短、过紧，必须长度适中，松紧适中。在正式演讲场合中，穿皮鞋会显得更庄重、更有气质。牛仔裤、小白鞋之类的，不适合出现在正式场合中。

在色彩选择中，女士服装的可选性较多，衣服上也可以带有花纹，但总体原则是色调不跳跃、不艳丽，花色不杂乱。如果喜欢穿花色裙子，上衣最好为净面；如果上衣有花色，下衣最好为净面。当然，净面的服装总是最保险、不易出错的选择。总体来说，女士的正装要凸显出女性的职场气质，显得精致、干练。

如果在比较休闲、轻松的场合，女士也可以穿晚礼服，颜色上可稍微醒目些，款式上也可新颖些，但不论身材好坏，都不建议穿得太暴露，以恰到好处、优雅大方为宜。

女士还涉及发型、妆容和饰品的选择，总体原则是不要累赘拖沓。在发型方面，以露出额头、束起刘海为最佳选择，不要佩戴夸张的头饰。妆容一般以淡妆为宜，即使在绚丽的舞台上也不要浓妆艳抹。饰品通常选择 1~2 种搭配，一套服装设计一个亮点即可，不要有太多的装饰物。

❷ > 符合演讲者的自身条件，符合演讲者的身份定位

当你站到演讲台上，不同的服饰搭配会展现你不同的气质，所以在服饰选择上，除了满足“一个中心”，还要满足“两个符合”。

（1）演讲服饰要符合演讲者的自身条件

首先，你所选择的服装要符合你的年龄特征。年轻的演讲者，穿衣服肯定要体现出青春活力，中年人要体现出知性干练，老年人则要体现出稳重智慧。不能为了追求年轻、潮流，刻意尝试某种风格。穿适合自己年龄的服装，永远比追求时尚有把握得多。

其次,你的服装必须符合你的身材特征。服装的作用除了保暖，还有一个重要作用就是遮盖缺点，彰显优点。演讲者要善于根据自己的身材优缺点来选择适合自己的服饰，比如上身胖的人，可以选择穿略修身些的西装，遮掩自己的缺点；腿粗且短的人，可以选择直筒型的裤子，女士则选择高腰线的裙装，遮住腿部；腿长的女士，穿长裤比穿裙子合适，能显得人挺拔、有精神。

此外，你选择的服装还要符合自己的肤色特征。虽然我们都属于黄种人，但皮肤色差还是很大的，而服装的色彩可以很好地解决这个问题。通常来说，冷色调的服装要对冷肤色，暖色调的服装要对暖肤色，我们大多数黄皮肤的中国人皆可选择柔和色调的服装，如灰色、米色、乳白色、淡绿色等。浅色服装会显得人

年轻而有活力，深色的服装则显得人成熟稳重。

（2）演讲服饰要符合演讲者的身份定位

这里所说的“身份”，是指你在演讲中的身份定位。这个身份可以是你的职业身份，如警察、企业人力高管、老师等；也可以是民族，或者其他你所定义的某种身份。

即使是职业身份，也有很多细分，比如你以警察的身份来演讲，也要考虑演讲内容中的个人定位。你要讲自己当维和警察的经历，那就要穿维和警服；你要讲日常办案故事，就穿日常警服。这都是根据演讲内容的侧重点来选择的。

在很多演讲比赛中，服装都不局限于正装。比如在《超级演说家》中，就有个女孩穿着婚纱走上演讲台，因为她要讲的是女孩怎样嫁得更好的故事；还有个大学生穿着自己的苗族服装走上演讲台，她要讲自己家乡的故事……这些都是根据演讲者身份和演讲内容来选择服装的。

通过上面的阐述，我们发现，你希望自己在演讲中扮演什么样的角色，就以什么样的形象出场，你的服装要符合你的演讲主题、演讲身份等。所有的服装都是为特定目的准备的，这就是服装在演讲中起到的作用。

形体：此时无声胜有声

演讲，主要是以口才取胜，于是一些演讲者认为，要想演讲成功，只要练好口才就行了，其他可以不用考虑。

以前我也这样认为，但现在我完全改变了看法，因为影响一场演讲成败的因素，除了口才，还有其他一些因素，比如我们在前面谈到的服饰搭配，还有演讲者的形体姿态等，这些都会给观众留下印象分。

对任何一位想要获得高印象分的演讲者来说，只注重服饰仪表是远远不够的，你还需要注意自己在上场、鞠躬、开讲，以及演讲过程中的姿势动作、结束后的离场等。

下面我按步骤跟大家分享一下。

❶ > 上场的礼仪

作为一名演讲者，你在上场时一定要体现出对观众的尊重和重视。一般情况下，当主持人介绍完演讲嘉宾后，都会邀请演讲嘉宾上台发言。这时，演讲者需要立即起身，快步走上台，不要磨磨蹭蹭，让观众久等。

这里要注意，一定要快步上台，要比平常走路的速度快，甚至可以小跑。当然，如果你已经提前等在台下，这时就可以庄重自然地走上舞台了。

其次，你要体现出对主持人的尊重。上台后，你要先做两个动作：接过话筒，与主持人握手。在做这两个动作时，要面对主持人，如果主持人用左手递话筒，那么你就伸左手接，然后伸出右手，与对方握手；如果主持人用右手递话筒，你就伸右手接，然后伸出左手，与对方握手。

那么，接话筒和握手这两个动作，哪个在前哪个在后呢？通常来说都是先接话筒，后握手。但也有例外，这时你要看主持人先做哪个动作，你来配合即可。

那有没有可能主持人只递话筒而不打算握手呢？也有可能。所以我们在上台时，要先用微笑的方式跟主持人表达谢意，在接过话筒后，主动伸出手向主持人发出握手邀约。当然，这里也分两种情况，如果主持人是位男士，那么不管你是男士还是女士，都可以先伸手握手；如果主持人是位女士，而你是位男士，那么就应该由女士主动伸手发出握手邀约，女士没伸手，你只需要点头示意，代替握手的动作。当然，如果主持人完全不打算握手，我们也可以省略这个环节，口头表达谢意就可以了，一切要根据现场情况来灵活处理。

❷ > 上场的姿势

上场的姿势也很重要，因为姿势和动作可以展示出一个人的精气神。在上场时，演讲者一定要做到抬头、挺胸、收腹，以自信昂扬的姿态走到台中央。男士要大步流星，女士要自然大方，步伐都要稳健、自信。

❸ > 鞠躬的礼仪

通常演讲者在开场和演讲结束时，都要向观众鞠躬行礼，这时有些礼仪也要注意。

这里一般分两种情况。

第一种情况是舞台上有演讲台或立式话筒，而演讲台一般位于舞台左侧，立式话筒位于舞台中央。你在上台后，要先走到演讲台或立式话筒一侧向观众鞠躬行礼，然后走到演讲台或立式话筒的后面站定，调整好麦克风，开始正式演讲。

第二种情况是舞台上没有演讲台和立式话筒，演讲者需要手持话筒演讲。这时，你要先走到舞台中央向观众鞠躬行礼，然后再开始演讲。

在鞠躬时，以上半身倾斜 30~40 度角为宜，不可倾至 90 度角，这种深躬不适合演讲。女士在鞠躬时，要注意自己的衣领，如果领口较大或较低，可将手放于领口处，避免弯腰鞠躬时领口走光。

演讲结束时，演讲者要再次鞠躬，对观众表达谢意。一般情况下是先说出结束语再行礼:“今天我的分享就是这些，谢谢大家!”当说出“谢谢”这个词的时候，可以同时鞠躬行礼。这时分三种情况：一是有演讲台，那我们可以在说完结束语后，从容地走到演讲台侧面鞠躬行礼，之后走下舞台；二是有立式话筒，那我们可以边说“谢谢”边就势后退一步鞠躬行礼，后退一步是为了防止鞠躬时撞到话筒，之后走下台；三是手持话筒，我们可以说完结束语，直接答谢鞠躬就可以了。

❹ > 站姿的礼仪

对演讲者来说，良好的站姿既可以体现出你的气质、修养，又能展示出你的演讲状态。总体上来说，男士在舞台上站立时要显得挺拔舒展，女士要显得亭亭玉立，因此在站立时一定要抬头挺胸，不能弯腰驼背，也不能单脚重心站立，给人一种松松垮垮的感觉。

男士可以自然站立，双腿分开，两脚间距离约为两拳，双脚稳稳“抓”住地面，让自己看起来很稳。女士可以“丁”字步站立，也可双腿并拢站立，或者双腿分开一点，但距离不超过一拳，这样整体看起来就会自然、大方、优雅。

如果演讲者要坐着演讲，对坐姿的要求就是美感要高于舒适感。演讲者最好坐在椅子的三分之一处，身体保持直立、挺拔，也可稍稍前倾。不管是男士还是女士，都要注意腿部的姿态，不要盘腿或过于随意。女士穿裙子时，裙子长度最好到膝盖处；如果不及膝盖，可以双腿并拢或稍稍倾斜到一边。男士双腿可稍稍分开，双脚自然踩地即可。

总而言之，每个人都有自己独特的美，不管是站着讲还是坐着讲，演讲都会体现出一个人的修养和气质。我们常说，一个人在舞台上的样子，就是他个人日常习惯的放大。比如，有的人喜欢做小动作，那么站到舞台上后，他的小动作就会更加明显；有的人喜欢边走动边说话，那么在舞台上就会不自觉地来回走动。这些其实都是很不好的习惯。

所以，要训练演讲礼仪，最有效的方式就是真的走上演讲台，真实地去体验，把自己的演讲录下来反复观看、修正。每一个演讲者都是从青涩逐渐走向成熟的，每一个出色的演讲者也都是从不断练习、纠错中逐渐脱颖而出的。如果你也想在演讲台上大放光彩，那么就请马上开始，认真练习吧！

手势：让演讲更有张力

手势是演讲中最能体现演讲者气场的一部分，它虽然是一种无声的语言，但与有声的演讲互相搭配，就能令演讲变得更加生动、形象，观众也容易被代入演讲者所描述的场景中，与演讲者产生共鸣。

但是，要在演讲中运用好手势，我们必须先明确一个原则，那就是手势的作用永远是辅助性的，它是一个视觉辅助工具。一场演讲，如果你没有使用任何手势，全程站立不动，直到演讲结束，我觉得并没有什么不妥，只不过显得有点呆板罢了。但如果一个演讲者全场手势太多，就会显得手舞足蹈，令人眼花缭乱，那么这场演讲就变成了戏剧，观众看的也就不是演讲了。

所以，演讲中的手势只能起到辅助作用，它与道具一样，不能喧宾夺主。适当地使用手势，可以让演讲更生动；如果没有手势，也不是不可以。此外，演讲手势必须适合演讲者，演讲者要根据自己的年龄、性别、个性、气质、演讲内容等运用手势，用得不合适，不如不用。

有一次，我在一个演讲大赛中担任评委。在参赛者中，有一位中年男性，他站在舞台上讲述自己的职业故事。在演讲结束时，为了表达自己对职业的热爱，他将双手放在心口位置，比画了一个心的形状。可能他自己也觉得这个动作不太合适，脸上带着不好意思的表情。

本来之前的演讲氛围都不错，但因为他这个动作，马上就让整场演讲有了喜剧效果。看得出来，观众很想笑，但又觉得不合适，只好都强忍着。

演讲结束后，我问他为什么要用这个动作，他坦言是请某位老师设计的，其实自己用着也不习惯，本来是想增加演讲效果，结果弄巧成拙。

这就说明，我们在设计演讲手势时，要主动选择，而不是被动接受，即使是名家的演讲手势，也不可能适用于所有人。只有你在演讲时自然而然地做出来的手势，才是最好的。

实际上，手势的产生源于人的情绪变化。比如我们在说话说到激动时，为了强调自己的观点，或者表达自己的情感，就会用动作来弥补语言表达之不足。所以，“自然”的手势从根本上来说是人的本能，而不是刻意编排出来的。当你的情绪到那里时，你的手势就会出来。

作为演讲者，我们要做的就是在演讲时唤醒这种本能，因为演讲本身就是一种极具情感性和鼓动性的语言形式。只有你真正关心的话题、真实的故事和感受，才能唤醒你的“本能”，从而让你的手势随着情感自然地表现出来。

那么，演讲中都有哪些基本的手势呢？这些手势用在哪些场景中，才能增强表达效果呢？

❶ > 演讲中的六大基本手势

中国厨师的刀法可将食材处理成块、片、丝、条、丁、段、粒、茸等多种形状，演讲的手势也可分为切刀、握拳、伸掌、竖指、扶心、画线等六大基本手势。

（1）切刀

“切刀”的动作要领是手掌自然并拢为刀状，然后向下做类似切菜的动作。这个动作多用来表达决心、强调要点或罗列情况等。

比如，在表达决心时：

- 这样的行为我们决不姑息……
- 我们要将犯罪分子一网打尽……

在强调要点或罗列情况时：

- 我们会在机场、火车站、汽车站、公交站、十字路口设置岗亭……
- 我们可以充分利用电视、广播、公交车广告、微信推送、网站等多种方式进行宣传……

需要注意的是，每强调或罗列一次，你就需要“切”一刀，但也不能总切一处，要分段来切，每一段表示一次强调或一个罗列。

（2）握拳

“握拳”的动作要领是手握成拳头，在身侧举起。这个动作多用于表达勇气和决心。比如：

- 这就是信念带给我的力量……
- 我对自己说，我一定要坚持下去……

（3）伸掌

“伸掌”的动作要领是手掌呈 45 度向身体正前方伸出，掌面朝上。这个动作多用来表示一种推荐或呈现。比如：

- 这就是我们国家未来的样子……
- 这就是我生命中最重要的人……

（4）竖指

“竖指”的动作要领是伸出食指与耳朵齐平，手指指天。这个动作多用来提请对方注意。比如：

- 你们觉得幸福最重要的是什么？
- 这是一个特别奇怪的信号，引起了我的注意……

提问或强调某个特别的情况、念头时，这个手势最合适。

（5）抚心

“抚心”的动作要领是把手放在胸口，多用来抒情或表达自己的内心感受等。比如：

- 这件事情让我深深地感到：我是一个平凡的人，却也可以变得伟大……

- 他的眼神深深地刺痛了我……

（6）画线

“画线”的动作要领是伸出手掌，手指并拢，掌心向上，从身体正前方开始横向画出一条直线。这个动作多用于呈现某一类人或某一个场景。比如：

- 这就是我们生活的地方，牛羊成群、草地广袤、蓝天白云、群山起伏……
- 这就是我可爱的同事们，是他们用自己的双手改变了这里，建设了这里……

以上六种手势都不是单独存在的，可以结合起来使用。比如：“你觉得生命中最重要的是什么？钱、孩子、健康还是爱情？”在这句话里，你就可以用到“竖指”和“切刀”两个手势，提问时用“竖指”，罗列时用“切刀”。

这六种手势是我总结的常用手势，并不囊括所有，也不一定适合所有人，每位演讲者都可以根据实际情况创造一些更适合自己的手势，用于表达特别的意义。但不管怎样，手势首先要自然、有美感，切忌机械使用，以免生硬刻板。

❷ > 使用手势的三种常见场景

手势还必须依托演讲内容来使用，在掌握整个演讲内容的基础上，我们才能根据不同的内容，插入合适的手势。

一般来说，手势主要用于演讲的三个场景。

（1）用于景物描写或画面描摹的辅助表达

画面式的语言是演讲语言的一大特色，无论你要讲什么样的故事，都必须对故事场景进行画面式的描述，这时为了配合演讲中画面式的语言，你就可以运用一些手势。

在丘吉尔的演讲名篇“我们将战斗到底”里，最后一段话是这样的：

> 我们将战斗到底！我们将在法国战斗，我们将在海洋上战斗，我们将充满信心地在空中战斗，我们将不惜任何代价保卫本土。我们将在海滩上战斗，在敌人登陆地点作战，在田野和街头作战，在山区作战！我们决不投降！

这里就出现了很多画面式的语言，展现了一副非常壮观的场景，如海洋、空中、海滩、田野和街头、山区……在讲到这些场景时，适当地插入手势烘托气势，就可以制造演讲的高潮。

（2）用于抒发情感和表达感慨

这种情况在演讲中非常常见。不管你讲什么故事，都是为了表达某一个观点，说明某一个问题，这部分通常也是演讲中非常重要的部分。这时插入手势，也能起到提请观众注意的作用。

有一次，乔布斯在斯坦福大学演讲，在讲完第二个故事后，他说：

> 对于工作是如此，对于你的爱人亦然。你的工作将会占据生活的很大一部分。让自己真正满意的唯一方式就是，只做那些你认为杰出的工作。如果你还没有找到，那么就继续找，不要停下来，全心全意地找。当你找到时，你就会知道的，就像任何伟大的关系，随着岁月的流逝只会越来越好。所以继续找，直到你找到它，不要停下来！

这段话就是典型的表达感慨的语言，也是演讲中的精华部分。这时插入手势就是为了提请观众注意，让演讲要点更好地呈现出来。

（3）用于对不易理解或难以名状的事物的辅助表达

这也是手势最核心的一个功能，即把抽象的事物形象化、具体化，这时的手势一般可以创造性地使用。

我曾辅导过一篇题为“从 16 厘米到 2.5 毫米”的演讲。这篇演讲里有这样一句话：

> 16 厘米，这只是一根绘图铅笔的长度，而 2.5 毫米，这只是这支铅笔笔芯的厚度……

在演讲时，我就自创了一种手势，先伸出手，用大拇指和中指做出丈量的样子，先比画出大约 16 厘米的长度，再比画出 2.5 毫米的厚度。

这种手势能很好地配合语言表达，让观众一目了然，从而快速理解这两个数据的差异。

❸ ＞ 使用手势时的注意事项

首先，为了让演讲效果更好，我们一定要在“自然”的驱使下，把握好使用手势时“适度”和“适合”这两个原则，手势不能太多，幅度也不宜太大。恰到好处地运用手势，才能让它真正地对表情达意起到辅助作用，让观众感受到你的语言魅力，咀嚼出其中美妙的滋味。

其次，在运用手势时，一定要与你的表情、眼神相互配合。一般来说，手到哪里，眼就要到哪里，特别是“切刀”“伸掌”“画线”这些具有表达呈现或展示意味的手势，眼神一定要与手势保持同一个方向。否则，你的动作看起来就很奇怪，观众会不知道你要表达什么，反而影响演讲效果。

另外，使用手势时要做到“心手合一”，最好能一气呵成，不要犹犹豫豫。手势要出则出、要收则收，干净利落，不拖泥带水。这与其说是美感的要求，不如说是演讲者心态、性情的流露，所以，最重要的还是做好自身情绪的调节。只要拥有稳定从容的心态，哪怕是自然随意地做出的手势，也一样很美、很有力量。

声音：让观众听得见、听得清、听得懂

假如我问你，演讲中的“好声音”是什么样子的？可能大多数人都会想到电台播音员的声音，会想到舞台上表演艺术家们朗诵的声音，会想到各大电视台节目主持人的声音……甚至会因为自己不具备这样完美的声音而遗憾、惋惜。

可是，世界上根本就没有完美的声音，但有很多声音给我们留下了深刻的印象。为什么？因为他们的声音很特别，很能体现个人特色。《奇葩说》中很多人的声音都算不上动听，却各有特色，也能让观众记住他们。

演讲者不是专业的播音员，不必刻意追求具有标准美感的好声音，演讲者最终还是要靠出色的口才征服观众。上天赐予你的声音也许不是最好的，但一定是最适合你的，你只要学会利用它，就能让它为你的演讲加分。

那么，演讲者到底应该追求什么样的“好声音”呢？

我认为，演讲者的“好声音”应该满足三个标准，我将其总结为“三听”。

❶ > 好声音要“听得见”

“听得见”，这是对演讲者音量的要求。你在演讲时，必须让音量大小合适。音量太小，后排观众听不见；音量太大，又会让观众受不了，完全没法听。

我认识一位演讲大师，演讲非常棒。有一次，他在一个礼堂里做演讲，看见一位老人一开始坐在中间的位置听，没多久，老人就挪到了后面，又没多久干脆出去了。但不久后，老人又进来继续听……反反复复好多趟。

演讲结束后，这位大师走过去问老人，是不是有什么不适？老人说了实情：“您讲得太好了，我很想听，但是声音太大，炸耳朵，我就只能坐后面，还是太大声，我就出去了。出去后呢，我又忍不住想听，就又进来……来来回回净折腾了。”

这就说明，再精彩的演讲内容，也得让人听着舒服。在保证观众“听得见”的前提下，还要让观众听得舒适。

我在担任演讲比赛评委时，经常遇到这样一类演讲者，他们讲得非常用力，有时为了表达激动的情感，甚至会声嘶力竭地大喊，好像不喊就体现不出他的热情和气势。但这样的演讲除了炸耳朵，真的让人感觉不到一点美感和情感。

演讲时，我们的声音确实应该比平常说话的声音大一些，响亮的声音也能为演讲增加气势，但任何事都过犹不及。而且演讲中的“听得见”也不完全指演讲声音的大小，还包括音质，因为音质对声音的舒适度是有影响的。厚重的男性音质不易让人感到刺耳，但可能会因为共鸣太大而使语音含混不清；女性音质尖细，语音清晰度较好，但有时又容易刺耳。

然而，音质本身又是无法改变的，你让周迅和林志玲互换声音，显然不可能。不过我们可以运用科学的手段，通过学习练气发声，扬长避短，使自己的声音听起来更舒适。

那么，我们该怎样练习呢？

气是声的基础，练气其实就是练呼吸，这有点像练气功。这要分四个阶段来完成。

第一步：学“蓄气”

我们平时呼吸都是浅吸浅出，而说话和唱歌需要较长的气息，所以要练习深呼吸。具体来说，就是深吸一口气，再缓缓呼出，细水长流，坚持时间越长说明气越足。要注意的是，呼气应均匀，不能太勉强，呼出气息不稳的话，说话声音就会不稳。

一般来说，我们练习“长吸缓出”要反复 4~6 次。每天清晨起来后，可用“闻花香”的方式练习，然后缓慢呼出，像吐丝一样缓慢。呼出时，要用鼻子呼，不能“泄气”，用时尽可能长。

“闻花香”的要点在于要用鼻腔深深地吸入气体，手放在腹部，感觉腹部的起伏。开始时如果感受不到腹部起伏，你也可以平躺，把手放在腹部，再深呼吸，就会感受到腹部明显的起伏。时间长了，你再站立练习，也能感受到腹部的起伏。

运用这种方法练习时，一定不能求快，要循序渐进，逐渐提高。有些人刚开始练习时可能会出现头昏，或者感到胸部横膈肌酸痛，这时就要放慢频率，让自己逐步适应。

第二步：学“出气”

当“蓄气”练习到一定阶段后，你感觉自己的气息比较稳了，就可以测试一下自己的训练成果了。这时加上声音，用“数枣”的方式来练习。

这里也分三种方式练习，由浅入深。

- 数数字。深吸一口气，憋住提着，然后开始数：一二三四五六七八九十，十九八七六五四三二一……看你能数多少个来回。注意，必须在一口气内数，中间不可换气。
- 数枣。深吸一口气，憋住提着，然后开始念：出东门，过大桥，大桥底下一树枣，青的多，红的少，一个枣，两个枣，三个枣，四个枣，……；十个枣，九个枣，八个枣，七个枣，……反复进行，同样要在一口气内。

- 数葫芦。深吸一口气，憋住提着，然后开始念：金葫芦，银葫芦，一口气数不了 24 个葫芦，一个葫芦两个葫芦三个葫芦……试试看自己一口气能数多少个葫芦。

以上方法，你可以选择一两个来练习，每天坚持，循序渐进，不要求快。此外，还可以借助仰卧起坐等锻炼方式来加强腰部肌肉，配合跑步、游泳等增大肺活量，因为腰部肌肉力量和肺活量都会影响气息和声音的力度。

第三步：练“嘿哈”

人发怒时会怒吼、大叫：“嘿，你在干吗？”这声“嘿”就是腹腔共鸣的发声方式，声音浑厚有力。练习“嘿哈”的要领在于打开口腔，放松下巴，大声发出“嘿——哈——”这两个音。

要注意的是，这两个音要用气发出，而不是用嗓子吼出来。一般 20 个回合为一组，你可以每天练习 3~4 组。长此以往，你的声音就会变得很有力量。

第四步：朗声诵读法

在练习到一定阶段后，我们就可以尝试“朗声诵读”的练声方法了。“朗声”，就是要大声地诵读出来，可以找一些诗歌、散文，或者好的演讲稿等，在完成练气练声后，试着大声朗诵，找找节奏、音调。

你也可以把自己的声音录下来听，一点点纠正不妥之处；或者找来名家的朗诵听一听，试着模仿，慢慢就会越读越有感觉，不仅能练声，还能熟读成诵，为自己的演讲积累素材，这不失为演讲者练声的好方法。

所有的练习都是为了让你找到一种发声习惯，这样演讲时你就会自然而然地使用正确的发声方法。有良好气息支撑的声音不仅好听，还更有质感，更重要的是，你讲一整天也不会觉得嗓子疼，这就是正确发音习惯带给你的礼物。

❷ > 好声音要“听得清”

“听得清”是对演讲者语音清晰度的要求，包括三点：一是普通话尽可能标准，这样才能照顾到不同地区的观众；二是吐字要清晰；三是说话要连贯，保持内容的完整性。

对任何演讲者而言，演讲语言都是为内容服务的，再动听的声音，也要以观众听懂和理解为目标，所以听得清楚明白非常重要。

通常来说，我们听不清演讲者的声音，除去方言口音障碍外，要么是口齿发音问题，要么是语速问题，要么就是音量问题，还有一个就是情绪问题，比如太紧张，不断地带“嗯啊”“这个”“然后”等词，导致语句听起来不连贯，句意表述不清。

首先，我们来解决口齿发音问题。这个问题一般都是源于从小养成的发音习惯，很难改变，但只要你没有生理上的异常，理论上都能发出清晰标准的声音。针对这个问题，我们可以进行两方面的训练：一是通过做口腔操，练习绕口令，训练口腔肌肉的灵活度；二是进行普通话辨正发音训练，使普通话发音更精准。

（1）口腔操

口腔操分为唇部操和舌部操，原理是使我们发音部位的肌肉得到锻炼，提高肌肉的灵活度。

常用的唇部操有：

- 咧唇：双唇闭紧，尽力前噘，然后嘴角用力向两边伸展，就像咧嘴笑一样，尽量把嘴唇肌肉拉伸开来。
- 绕唇：双唇闭紧，向前噘起，然后向左或向右做 360 度的转圈运动。顺时针、逆时针方向各转 10 圈。
- 打嘟：放松唇部，嘴唇自然闭合，深吸一口气，然后用口腔缓慢将气体呼出，经过嘴唇时，引起双唇振动，直至这口气呼完。要注意的是，在噗气时，声带不要震动，只有气体与唇部作用的声音。这个动作可以有效训练气息的持久。

常用的舌部操有：

- 翻舌：张开嘴巴，让舌头在口腔内左右翻身。左右各做 10 次，增强舌头灵活度。
- 舌打响：弹动舌头发出“哒哒哒”的声音。
- 卷舌：舌头尽力伸出口腔，然后朝上卷入口腔，之后伸直，再朝下卷入口腔。各做 10 次。

（2）绕口令

学说绕口令也是训练口腔灵活度的好方法。但练习绕口令一定要从慢到快，重点在于说清楚，不能为了追求快而说得含混不清，那样对练习无效。

绕口令的练习有很多，下面是两个能锻炼唇舌部的常用绕口令：

- 锻炼唇部灵活度：巴老爷有八十八棵芭蕉树，来了八十八个把式要在巴老爷八十八棵芭蕉树下住。巴老爷拔了八十八棵芭蕉树，不让八十八个把式在八十八棵芭蕉树下住。八十八个把式烧了八十八棵芭蕉树，巴老爷在八十八棵树边哭。

- 锻炼舌部顶力：门口吊刀，刀倒吊着。……（反复说）

（3）普通话辨正发音训练

除了用口腔操、绕口令来练习口腔肌肉灵活度，我们还需要针对普通话进行辨正发音训练，而绕口令同样有针对普通话声母和韵母进行辨音练习的作用。

针对双唇音 b、p、m 的辨音：

- 八百标兵奔北坡，炮兵并排北边跑。炮兵怕把标兵碰，标兵怕碰炮兵炮。
- 这就是巴巴爸爸、巴巴妈妈、巴巴祖、巴巴拉拉、巴巴利波、巴巴伯、巴巴贝尔、巴巴布莱特、巴巴布拉伯！

针对唇齿音 f 和 h 的辨音：

- 红防护服红，黄防护服黄，红防护服没有黄防护服黄，黄防护服没有红防护服红。
- 粉红墙上画凤凰，凤凰画在粉红墙。红凤凰、粉凤凰，红粉凤凰花凤凰。

针对卷平舌音 z、c、s，zh、ch、sh 的辨音：

- 隔着窗户撕字纸，一撕横字纸，再撕竖字纸，横竖两次撕了四十四张湿字纸。撕字纸你就撕字纸，不是字纸你就别胡撕，乱撕撕一地纸。
- 山前有四十四棵死涩柿子树，山后有四十四只石狮子；山前的四十四棵死涩柿子树涩死了山后四十四只石狮子，山后有四十四只石狮子咬死了山前四十四棵死涩柿子树。不知是山前的四十四棵死涩柿子树涩死了山后四十四只石狮子，还是山后的四十四只石狮子咬死了山前四十四棵死涩柿子树。

针对鼻边音 n 和 l 的辨音：

- 牛牛要吃河边柳，妞妞赶牛牛不走。妞妞护柳扭牛头，牛牛扭头瞅妞妞。妞妞扭牛牛更拗，牛牛要顶小妞妞。妞妞捡起小石头，吓得牛牛扭头走。
- 刘庄有个刘小柳，柳庄有个柳小妞。刘小柳放奶牛，柳小妞路边种杨柳。刘小柳的牛踩了柳小妞的柳，柳小妞的柳扎了刘小柳的牛。

针对前后鼻音 n 和 ng 的辨音：

- 十字路口红绿灯，红黄绿灯分得清。红灯停，绿灯行，黄绿灯亮向左行，行停停行看灯明。
- 洞庭山上一条藤，藤条顶上挂铜铃。风吹藤动铜铃鸣，风停藤定铜铃静。

绕口令还有很多，每种绕口令的功能和效用是不一样的，我们可以根据自己的实际情况有针对性地选择练习。总的来说，经常练习口腔操和绕口令，肯定能让你的口齿更清晰。

❸ > 好声音要“听得懂”

“听得懂”要求演讲者通过把握声音节奏等，让自己的演讲内容更易理解、更加生动。

影响“听得懂”的主要因素有两个，一个是演讲者的表达方式，另一个是普通话的发音。

（1）表达方式

表达要让人听得懂，主要体现在两个方面：断句与重音。

首先，我们来看一下断句。同一个句子，从不同的地方断句，会表达出不同的意思，这也是影响表达和理解最重要的因素。

在一次大学生演讲比赛中，一个男生在讲到武汉长江大桥时说："那一天，我终于见到了伟大的毛主席……"

说到这里时，台下的观众都瞪大了眼睛，心里正在疑惑，他怎么见到的毛主席？

接着，他又说："（毛主席）曾来过的武汉长江大桥……"这才让我们恍然大悟，明白了他要表达的意思，台下有观众笑出了声。

这样的断句就很容易造成误解。

在演讲中，除了在有标点符号的地方必须停顿，有时在没有标点符号的地方也要停顿。我们前面说过，演讲中尽量少用或不用长句，太长的句子要根据句意适当加入标点，目的就是为了换气方便。否则，即使勉强一口气说完了一个长句，最后也会变得气若游丝，影响表达的美感。

但有时我们也会遇到不太适合加标点的长句，这时就需要断句。我们一般用"/"来表示断句。比如，上文那个大学生讲的句子，我们就可以加上这样的标识：

那一天，我们终于见到了/伟大的毛主席曾来过的/武汉长江大桥。

这个句子是个长句，我们也可以把这个长句改成短句：

那一天，我终于见到了武汉长江大桥，伟大的毛主席曾经来过这里。

或者改成：

伟大的毛主席曾经来过这里，武汉长江大桥，那天，我终于见到了这座大桥……

中国的语言有太多的变换方式，所以在组织演讲稿时，我们完全可以根据自己的语言习惯对文字进行拆解重装。只要改装后的语言不出现歧义，易表达又易理解，就符合演讲“听得懂”的要求。

其次，表达要让人听得懂，还要注意重音，就是通过重读来标识演讲中的重点内容。同一个句子，重音位置不同，表达的意思也会不同。比如：

我听说过你的故事。（重音在“我”，强调是我不是别人。）

我听说过你的故事。（重音在“听说过”，强调只是“听说过”，表达一种对真实情况不甚了解的意思。）

我听说过你的故事。（重音在“你”，强调只知道你的故事，不知道别人的故事。）

所以，演讲者要想强调重点，可以用重读的方式来表现，以提请观众注意，帮助观众理解。

一般来说，演讲中重音的位置也是有规律可循的。比如，演讲稿中出现的数字一般都要重读，如：

> 火神山医院要进行屋面加固改造，作业面达到 2.9 万平方米，焊点有 1800 多个，必须制订详细的消防安保方案。

这是一位消防员的演讲稿。其中的数据重读，就是为了强调消防安保的难度和责任的重大。这显然对突出演讲主题很重要。

再比如，演讲稿中的序数词一般也要重读。如：

> 我没有丝毫犹豫，第一时间向支队递交了请战书。

在这句话中，重音就在“丝毫”和“第一”两个词上。“丝毫”体现的是一个人做出决定时的心理状态，“第一”体现的是人物做出决定的速度，这些都表示了一个人在面对重大问题时的精神境界。而人物的精神境界就是演讲的主题和目的，讲某个故事，就是为了体现某种精神，所以在每个细节表达上就通过重音把重要内容表达出来。

断句和重音都是建立在演讲意义表达基础上的，需要演讲者对演讲内容和表达重点有清晰的把握，这样才能更好地画出断句和重音，借助断句和重音让我们的声音更有力量，意思表达得更准确，情绪更突出。因此，断句和重音是演讲者必须掌握的声音表达技巧。

（2）普通话发音

除了口齿不清会造成观众理解障碍，还有一个重要的障碍就是演讲者的普通话发音问题。

有很多人问我，普通话不好，能演讲吗？也有很多人觉得自己普通话说得不好，所以不敢演讲，我觉得这是个普遍性问题，值得探讨。

有一次，武汉市汉阳区一位社区工作者要参加区里的演讲比赛，由我来为他做演讲辅导。

这位社区工作者长期工作在基层一线，平时都用汉阳方言与群众交流。这次演讲比赛中的观众既有社区居民，也有区政府的领导，领导提倡用普通话演讲，这可把他难住了。因为他的普通话不好，用普通话演讲，自己都觉得别扭。

我让他用普通话讲给我听听，果然，不仅有发音问题，更严重的是他非常紧张，演讲就像小学生读课文，完全没有了一个演讲者的风度和语言魅力。

接着，我又让他试试用汉阳方言演讲，这次他的状态截然不同，一切驾轻就熟，眼神灵动，语言生动，手势动作自然协调，整个演讲充满了魅力。

于是，我建议他，如果台下观众都是本地人，可以考虑用方言演讲；如果有普通话的硬性要求，就从方言演讲中找感觉，像讲方言一样进行普通话的演讲练习。

这个案例让我对演讲语音标准有了更多思考。语言本就是一种沟通和交流的工具，不同地域的人有属于自己的地区方言，并且有些人不擅长说普通话。在这种情况下，我们就没必要硬性要求自己用普通话来演讲。只要能让观众听懂，能够传达出自己的思想，方言和普通话都可以成为你在演讲时使用的语言，你也同样能给观众留下好的印象，获得他们的信任。

语速：具有音乐般的美感

大家都知道，在高速路上很容易出事故，为什么？因为缺少起伏变化，司机很容易犯困。同样，任何一场演讲，如果你的声音一成不变，没有情绪变化、没有语速变化、没有音调的起伏、没有节奏的掌控，那就会像一潭死水一样，你怎么指望听众能对你的演讲产生兴趣呢？

声音的变化，尤其是语速的变化，会直接影响听众的选择。在演讲时，善于运用语速的变化来呈现你所表达的内容，一定会比那种以同样的声音模式来演讲的效果更好，因为同样的声音模式所传递出来的信息就是：演讲中没有哪部分比其他部分更重要。这样的演讲只能沉重而缓慢地前行，直到终点，其所引起的生理效果就是催眠，让听众进入睡眠状态。我想，这一定不是你想看到的演讲效果吧？

那么，在演讲时，我们到底该怎样把控声音的变化，尤其是语速的变化呢？

说起来也不难，最基本的一个标准就是我们一直强调的：要让听众“听得懂”，毕竟我们说话最基本的要求就是要让人能听懂！具体来说，就是在让听众“听得懂”的前提下，努力做到快慢结合，节奏恰当，因为演讲是最忌讳匀速的。我们在听演讲时，经常会评价某人讲话声音太“平”了，没有起伏变化，说的人都快睡着了。这个“平”表现在语速上，就是匀速的意思。演讲就像开车，演讲者就是司机，听众是跟着演讲者的脚步在路上跑，所以你要带好节奏。有的路跑快点，可以振奋精神；有的路要慢下来，好欣赏景色；有的路甚至要停一下，好仔细回味。这样，观众才会愿意一直跟着你跑，觉得这个旅程充满了乐趣和惊喜，自然不会觉得乏和困了。

那么，到底什么路该快，什么路该慢呢？这就需要演讲者来把握和判断了。一般来说，这需要根据演讲内容来确定，“景色”美的地方，你就把“车”开慢点；“景色”一般的地方，你就适当开快点；有标志性“景色”的地方，你甚至可以停下来拍个照。这就是标准。

对应到演讲上，控制语速就是重要的内容说慢点，一般性或不重要的内容说快点，画龙点睛的话要更慢一点，甚至可以停顿一下，给听众以回味的空间。

如果你仍然判断不好，那我就为你提供一个更细致的标准。

❶ > 需要“加速”的地方

一般来说，较快的语速可以给人激动、兴奋之感，它可以用在下面一些内容上：

首先，客观性陈述或描述性语言。比如：

> 从1985年我们公司成立，到1990年我们的产品获得市场的认可，再到2000年公司大规模扩张，一直到2010年，我们公司终于上市……

这段话是对整个事件的推进过程的描述，是一种客观陈述性的语言。这种内容就像电影快进镜头一样，语速可以稍快一点，以增强节奏感，给人一种振奋的感觉。

其次，比较紧张和关键的情节，或有矛盾冲突的地方。比如：

> 说时迟那时快，只见他一把抓住嫌疑人手中的短刀，紧紧地攥住，鲜血从手指缝中渗出……

这就是故事中非常紧张的时刻，以较快的语速推进，可以把现场的氛围带动起来，让故事情节显得更加生动和真实。

最后，在排比句式中。比如，在马丁·路德·金的“我有一个梦想”中，有这样一段排比句：

> 这就是我们的希望。我怀着这种信念回到南方。有了这个信念，我们将能从绝望之岭劈出一块希望之石。有了这个信念，我们将能把这个国家刺耳的争吵声，改变成为一支洋溢手足之情的优美交响曲。有了这个信念，我们将能一起工作，一起祈祷，一起斗争，一起坐牢，一起维护自由；因为我们知道，终有一天，我们是会自由的……

在演讲中，排比句式一般属于情感上的高潮部分，在情绪上很容易使人兴奋和激动，这时语速就要加快。

❷ ＞ 需要“减速”的地方

演讲中语速的快和慢都是相对而言的，我们知道了要加速的地方，自然还要知道该减速的地方。那么，什么地方需要慢下来呢?

首先，排比句式开始前和结束后的语句一定是慢速的。

以上面“我有一个梦想”中这段话来说，三个“有了这个信念”的排比句，语速一定是越来越快的，但是开头的两句“这就是我们的希望。我怀着这种信念回到南方”，以及最后一句“因为我们知道，终有一天，我们是会自由的”语速就要放慢。

你只有把开头的两句先慢下来，后面的速度才能快起来，从而形成一种蓄势待发、一步步走向顶峰的节奏。而最后一句不仅要慢速，还要加大语言的力度，以示强调，因为这句话是演讲内容中最关键的一句，是我们要停下来拍照的“景点”，是演讲里的“金句”。

其次，需要重点强调的内容，一般是慢速的。比如下面这句总结性的话：

> 如果你感受到自己内心深处的梦想，不要放弃，马上行动起来，多尝试，在一次次的磨炼中让自己逐渐强大。当梦想靠近的那一刻，你一定会牢牢抓住它。

再比如：“说时迟那时快，只见他一把抓住嫌疑人手中的短刀，紧紧地攥住，鲜血从手中渗出……”在紧张的情节过后，最后一句“鲜血从手指缝中渗出”就应该用慢速来表达，因为这是一种细节的描述，是人物精神的体现，也是打动人心的关键。用缓慢的语速说出来，可以给人留下体会和想象的空间。

最后，演讲中的“金句”，故事后面的道理，都是慢速的。比如：

> 这个故事告诉我们，成功靠的不仅仅是机遇，更多的是勤奋和坚守。

这种画龙点睛的句子都要重点强调，所以也要用慢速来说，目的是引起听众的思考。

总而言之，语速的快与慢一定是相辅相成的，想要跑得快，就不能忽视“助跑”这个过程。在“助跑”时，你可能还要往后退退，把姿势摆好，把速度降到最低，这样才能慢慢加速到最高点来临的那一刻，点燃观众的情绪。最后在速度的最高点戛然而止，让语速慢下来，使“金句”如流水般慢慢渗入人心，让观众如同欣赏优美的音乐一样去细细品味和体会，这样才会给观众留下最深刻的印象。

情绪：恰当控制，自然展现

在演讲中，强烈的情绪爆发可以唤醒观众的情感，演讲者的热情也可以点燃观众的热情。只要演讲者在演讲当中有足够的情绪爆发，就能让观众用同样热烈的情感进行回应。

有一次，我担任某演讲大赛的评委。在参赛者中有一位维和警察，在演讲中，他讲述了自己的一段故事。他说，当他在国外执行任务时，父亲患了病，等他回来时，父亲已经病得认不出他了。讲到这一刻的时候，这个高大的男人哽咽了，泪水流了出来，他甚至沉默了几秒，控制了一下情绪，才接着讲下去。这时，台下响起雷鸣般的掌声……

最后，这个维和警察拿到了这场比赛的冠军。

我们每次演讲的内容可能不同，我们也不能总是对自己的演讲内容充满热情，但是，情感和专注是我们最能感染观众的工具。其中，情绪又会影响到我们的声音表达。演讲声音要有起伏，这个“起伏”就是我们常说的“抑扬顿挫”，其实就是情绪在声音中的体现和表达。

大家可能看过这样一种演讲，演讲者在讲一个很感人的故事，结果讲到关键之处时，演讲者实在控制不住自己的情绪，当场哭了起来，甚至哭到讲不出话来，演讲也无法继续进行。

你认为这样的演讲是成功的吗?

人在悲伤的时候、感动的时候，可能都会有比较强烈的情感流露出来，这也是人性的展现，你不让人哭、不让人笑，那是不尊重人性的。那么，当演讲中出现情绪问题时，我们怎样把握和表现，才能让情绪的表达给我们的演讲加分呢?

在我看来，演讲者要从下面两个方面来把控自己的情绪。

❶ > 学会用理智控制情绪

在一次创业路演会上，我看到一位女士。她在介绍自己创立的“妈妈俱乐部”时，谈到了自己因为要照顾年幼的孩子，不得不辞去心爱的工作，成为全职妈妈。而在家带孩子时，经常不被丈夫理解……

这时，她就无法控制自己的情绪了，开始哭起来，甚至哽咽到不能正常讲话，声音也变得尖利而走样，下面的观众几乎听不清她讲话的内容了。

这样的演讲就不太好，演讲者不能很好地控制自己的情绪，必然会影响演讲效果。

所以，我们在演讲时一定要把握好情绪流露的“度”，那就是：悲伤的时候，你可以流泪，甚至可以有短暂的停顿来调整自己的情绪，但不能让情绪影响你的表达，不能在舞台上宣泄情绪，不能影响演讲的正常进行。这是情绪控制的底线。

不管是哭还是笑，都是一种情绪的表达，真正好的演讲，一定是你不笑，观众笑了；你没哭，观众哭了。更甚者，可能是你哭了，观众笑了；或者你笑了，而观众哭了。所以有人说，喜剧的背后其实是眼泪。越是悲伤的事情，你用淡定的方式表达出来，观众越能感受到这背后深深的忧伤。

❷ > 学会用声音表达情绪

前文我们说控制情绪，是指在演讲时情绪的表达要克制，不可以夸张；但又要呈现情绪，不能完全没有。适当地表现出情绪，是增加演讲感染力的重要手段。

情绪也会改变一个人的声音，比如当你笑着说话时，声音就带着甜丝丝的味道，声音中也会传递出美好的心情，让人感到愉悦。所以，有经验的主持人站在舞台上时，都会带着亲切的微笑，这不仅是为了拉近与观众的距离，也是为了呈现出美好的声音。

在演讲中，我们的表情和动作始终都要跟随着演讲内容走，情绪也是随着内容产生的。在演讲里，最佳的情绪表达方式就是把情绪揉进声音里，用声音的高低、快慢、轻重来体现情绪。

比如，有时我们感觉悲伤，声音就会低沉下来；有时很开心，声音就会上扬；有时很感动，声音就会悠长而深邃……这与我们平时说话是一样的。发怒的时候，自然就会高声；平静的时候，声音自然就会舒缓；开心的时候，声音就会跳跃；悲伤的时候，声音自然就会低沉。这不是演出来的，而是人的一种最真实、最自然的状态。

有一次，我到一个单位去给几个演讲选手做辅导。其中有个女孩，她演讲时声音很平，整个演讲也看不出感情的起伏和变化。讲完以后，我问她的感受，她可能也觉得自己讲得不好，就一直抱怨说："老师，我本来就不会表演，像别人那种抑扬顿挫的声音，我搞不来！"

我没说什么，只让她再看看其他选手的演讲。结果有一个女选手，讲了自己的一次到福利院的慰问经历，她谈到了一个小男孩，说她每次去探望男孩时，都会带很多玩具，因为这个男孩和她的儿子一样大。说着说着，她的眼泪就出来了。她说做了母亲之后，才理解孩子对妈妈的需要和依恋。她的演讲也感动了在场所有人。

演讲不是表演，演讲中声音的抑扬顿挫也并非刻意，只要我们的演讲内容是真实的，演讲中的情绪呈现就是真实的，这种真实的情绪自然会带来声音的抑扬顿挫。这种真实的感受和声音，就是我们在演讲中所追求的效果。

所以，不要说自己不会表演、不会抑扬顿挫。如果你不会，只能说明你的演讲内容不是真实的，或者它并没有真正打动你。

那么，到底怎样才是抑扬顿挫呢？是像小学生读课文那样吗？

当然不是。在这一点上,我们还要结合之前讲过的“重音”“语速”“停顿”等综合考量。在我们觉得重要的地方，自然就会重读；在我们情绪激动时，声音自然就会变高；在我们感到悲伤时，语速自然就会放缓，声音会低沉。这就是自然的抑扬顿挫，而不是假装或模仿的，所有的声音变化都应该根据内容变化而来，声音的起伏也来源于你真实的情感体验，来源于你对内容的共情，这也是从源头解决情绪和声音表现力的根本方法。

表情：让情感表达更到位

在演讲的时候，从你一上台，观众就开始注意你的表情了，因为表情代表着你当时的态度、情绪和感受，观众也会由此判断你讲的内容是否出自本心，是否真实。

比如，你走上台后，开场就对大家说："很高兴见到大家……"可脸上却一点也没有高兴的样子，甚至绷着脸，你觉得观众会认为你真的高兴吗？而如果一开始你就没能让观众信任你，那么接下来他们又怎么会相信你在演讲中所讲的话呢？

再比如，你作为公司领导在年会上发言，你对着你的团队说："我为你们取得的成绩感到骄傲和自豪！"如果说这句话时你的脸上带着肯定的微笑，眼睛里闪着光芒，你的团队肯定倍受鼓舞；但如果你的表情如一潭死水，眼神空洞无物，那么肯定无法感染团队成员，哪怕你夸奖了他们。

由此可见，面部表情在演讲中的作用很重要。不管你的演讲内容是什么，表情不到位，演讲效果就会受到影响。

在演讲时，表情主要包括脸部的表情和眼神的运用。接下来，我们就分别分析一下。

❶ > 微笑是最美丽的面部表情

如果说有一种表情是人最美的样子，那一定是微笑。声未启，笑先行，在开口说话之前，先绽放你善意的笑容，这是每个演讲者都应该掌握的技巧。从本质上说，演讲也是一种服务，需要观众付出时间成本和情感成本。而作为交换，你要为观众提供有价值的内容和良好的观感体验。所以，微笑是演讲者必备的一种面部表情。

微笑也是一种缓解紧张情绪的有效方式。不管是初上舞台的新手，还是久经沙场的老将，对每一位演讲者来说，演讲都不是一件轻松的事，在众目睽睽之下，谁都会有压力。这时，微笑就是缓解压力、消除紧张的最好方式。

上台后的前 3 秒，先不说话，微笑着环视一周，对远处的朋友招招手，对近处熟悉的朋友点点头，展示你最富魅力的笑容，然后再开始讲话。这是演讲“老江湖”最喜欢用的开场方式。这种姿态给观众的感觉就是：“哇，台上的那个人看起来好淡定、好从容啊！”有一种这里是我的主场，一切尽在我掌握的霸气。

既然微笑这么重要，我们该怎样练习呢？怎样才能让自己在演讲时呈现出来的微笑自然、亲切，又不失礼貌呢？

我们知道，任何表情的变化都来源于情感的刺激，微笑也不例外。当你的某些感受是真实的，你的笑容就是真实的。为什么好的演员总能把角色的情感表现得那么真实？原因就在于“投入”，也叫“进入角色”。演员已经不是他自己了，而是角色中的那个人，他完全进入另一个场景中，去体会在那种情感刺激下一个人的真实反应。这也是处于表演状态中的人，当表演结束后仍然无法从角色中走出来，还需要时间去缓冲的原因。

所以，要训练我们在演讲时的微笑，最重要的方法就是情景想象。

练习微笑不是刻板地练习嘴唇的开合、肌肉的状态等。微笑是没有固定模式的，每个人都有专属自己的最美的笑容。所以，经常想想开心的事，想想他人回报给你的善意，听听美好的音乐……这些真实的情感刺激会给你带来真实的情感体验，这时的笑容也最为真实。而当你抱着这样的心态面对演讲、面对观众时，你的笑容也一定是最真实的。

这里要注意的一点是，在一些特殊的场合演讲或讲话，比如参加葬礼、进行救灾动员等，你就要收起自己的微笑了，因为这些场合的气氛是沉痛的、悲伤的，微笑会很不合时宜。

❷ ＞ 眼神是最真实的情感渠道

眼睛是人身上最有魅力的感官，眼神也是最能体现一个人情感的渠道。不管一个人是惊讶、发怒，还是开心、慌张，也不管他如何通过动作、行为掩饰自己的情感，眼神都是骗不了人的。

基于此，我们在演讲时可以用眼神来传达情绪，表达自己的真情实感。

根据我的经验，我认为演讲者需要在演讲中掌握四种眼神的使用方法。

（1）虚视

所谓虚视，就是演讲者“假装”看向观众，其实并不是真的看到。

一些演员在表演时，经常会用到虚视。比如前方设定的是一座大山，那么你就要假装看见了大山，根据剧情需要进行相应的表演。

朗诵者在表演朗诵时，也常常需要用到虚视。比如出现景色描写的时候，朗诵者就要假装沉浸在诗歌的意象中，他的眼中就要有内容，仿佛看见了那些美景。

（2）平视

平视是演讲中最常用的一种眼神。这个眼神解决的是当演讲者站在舞台上时，眼睛到底该看向哪里的问题。

一般来说，在你站到演讲台上后，眼睛应看向观众席正后方最后一排观众头顶上方 10 厘米处，这个位置对演讲者来说就是平视的状态。

平视是虚视的一种，有“虚”就有“实”，虚视是假看，实视肯定就要真看，能看到每一位观众，看到他们的眼睛。但是，演讲者又不可能去看每一位观众，而且也应尽量避免与观众有实际的眼神碰撞和交流，这样可以防止因为观众的眼神变化而让自己受到影响。说白了，就是避免自己走神。而使用虚视的方法，就能让演讲者很好地照顾观众的情绪，同时又能专注于自己的表达。

（3）环视

环视是一种借助头部摆动来完成的眼部动作，动作要点是你在演讲时要在适当的时间环视一周，从左看到右或者从右看到左。

这个动作一般用于在开场跟观众打招呼时，或者在演讲过程中需要跟观众进行互动交流时，比如向观众提问、发出倡议、强调重要性、表达强烈意愿等等。

在环视时，你的眼睛可以看向观众，也可以看向观众的额头及以上部位。头扭到左边，就与左侧的观众交流；头扭到右边，就与右侧的观众交流，并且注意在每个方位都稍微停顿一下，说完一两句话再换方位。

在环视时，你还可以结合一些手势动作，来表示强调或其他含义。

（4）点视

点视是一种与环视相对的眼部动作，环视兼顾大众，点视则针对个别人。简而言之，就是在观众席中选择一个人，将目光聚焦在这个人身上，与这个人进行短暂的视觉交流。

这个动作一般是有舞台经验的演讲者常用的方法，他会在观众中寻找到一个听得认真、有积极反馈和表达赞同的人，通过与对方的短暂对视和交流，来鼓舞自己，获得自信。

演讲不是表演，演讲具有灵活机动性，演讲者必须要通过观众的反馈来及时调整自己的演讲方式和策略，而演讲者的信心也一定来源于观众的肯定。在观众席中寻找支持者，是获得信心、振奋自我的最好方式。我之所以说这种方式是有演讲经验的人用的，是因为初次登台的演讲者通常都很紧张，这时与观众进行眼神碰撞，很容易出现思路被打断、忘词等情况。所以，我们一定要在对舞台有一定适应能力后再去尝试使用。

德国哲学家莱布尼茨说过："世上没有两片完全相同的树叶。"同样，世上也没有两双完全相同的眼睛。如果我们刻意模仿在电视中看到的演讲者各种好看的、深情的眼神，可能就会变味。眼神是独一无二的，它反映了我们的内心世界，要想让眼睛灵动有神采，我们也可以通过日常训练来达到。

比如，你可以试试下面这个小方法：随机播放流行歌曲，然后对着镜子，根据歌曲的情感变化练习眼神变化，悲伤的、快乐的、坚定的、喜悦的、愤怒的……不同的情绪配合不同的眼神。坚持一段时间，你会发现自己的眼神也能变得灵动、传神。

心态：甩掉紧张，轻松上场

著名演员陈坤曾受邀参加央视综艺节目《开讲啦》，他的演讲题目是“人生路，莫慌张”，这也是陈坤首次在电视上演讲。

录制前，陈坤一直跟编导说自己特别紧张。编导以为他只是谦虚，结果陈坤上场后真的非常紧张，甚至直接把演讲题目说成了“人生路，莫紧张”。他在开场白中还描述了自己的这种紧张状态：

“同学们好，上台之前我非常紧张，特别紧张，我一直跟周边朋友说，你别跟我说话，我紧张。他们没有一个人相信，他们觉得我演了很多戏了，见到每个场合的时候，应该是很淡然的，实际上我真的紧张……”

著名作家马克·吐温说：“世界上只有两种演讲者，一种是特别紧张的，另一种是假装不紧张的。”陈坤拍过很多戏，在舞台上摸爬滚打许多年，是个非常有经验的演员，按理说应该不会再紧张。但当他要演讲时，仍然非常紧张。可见，紧张是每个演讲者都会面临的难题。

从心理学角度来讲，人们在演讲时感到紧张，其实是有“根”可循的，这个“根”就来自我们的DNA。

据说，人类在进化过程中，由于担心自己被孤立、被遗弃后会死亡，所以对被孤立、被遗弃感到异常恐惧。久而久之，人类基因中就留下了这种记忆，一旦遇到被众人孤立，就会感到害怕。

而当我们面对众人演讲的时候，同样的场景激发了我们的基因记忆，使我们感觉自己正在被众人孤立。于是，害怕的情绪就会产生。这是基因导致的必然反应，任何人都逃不掉。

知道了这个原理，我们就明白了当众讲话紧张的必然性。有的人可能会问：“为什么有的人在演讲时看起来一副轻松自如的样子，一点儿都不紧张呢?”我只能告诉你，他不是不紧张，只是“看起来”不紧张而已，说不定他当时也正心跳加速，腿在裤子里抖呢！我们有很多方法可以让自己看起来不那么紧张，时间长了，你就会从“假的”不紧张变成“真的”不紧张了。

一般来说，如果上台前紧张，你可以做做深呼吸，或者转移一下注意力等，通常都能让自己放松下来。但如果上台后紧张，就真的需要一点办法了，否则你可能无法正常开场。

有很多演讲者在台下时很紧张，但真的上台讲一会儿之后，就没那么紧张了，而且越讲越好。这种情况很普遍，原因就在于你迅速地接受并适应了这个新的环境。这个过程需要 1~2 分钟，如果我们能够顺利地开好场，接下去的事情就会越来越简单。这也告诉我们，演讲开好场很重要，它奠定了整个演讲的基础。开场顺利的话，接下来你就会对自己要讲的内容更加充满信心，控场能力也会随之增加。

那么，我们如何才能顺利开场呢？我给大家提供一些办法，可以让你在开场时看上去不那么紧张。

❶ > 控制语速

关于语速的问题，我在前文已经有详细的论述，这里我要强调的是开场的语速。相对于演讲后面的内容，开场的语速要更慢一些。

这样做的目的，一是可以让我们把信息更好地传达给观众，帮助观众更好地理解我们的语言；二是可以缓解我们的紧张情绪，让我们看上去更加淡定从容。

我们知道，人在紧张时，说话速度很容易加快，这时就容易出现语无伦次的现象，因为人的思维跟不上语速。演讲也是如此，降低语速，能让我们的思维与语速尽量保持平衡，这样不仅能让我们有更多的时间思考，减少错误，更重要的是，能让我们看起来不那么紧张，从而更好地控制演讲气氛。

❷ > 控制眼神

关于演讲时我们应该看向哪里，前文我们也详细讲过了，这里我说的“眼神”代表的是注意力。

我们都有过这样的体会，明明想着要去做某件事，突然半路被人打断，导致自己走神了，等回过神来，竟然忘了自己刚刚要去做什么。

演讲也会出现这种情况。尤其对缺乏经验、容易紧张的演讲者来说，如果你看向观众，或者与某个观众对视后，很可能思路会被打断、出现忘词等情况。

为避免这种情况出现，在开场时，我们的眼神不要直接看向观众，可以看向前方某个静止的物体，以确保演讲思路不受干扰。

当然，如果你能很好地控制自己的紧张情绪，也可以与观众进行眼神交流，尤其是与那些态度积极、认真听讲的观众，他们的认可会让你更有信心。

另外还要注意，在演讲过程中，有些人的眼神会不断地上下左右游移，这样很不好。演讲时，眼神的稳定性很重要，眼神稳定了，你的注意力才会稳定。所以，演讲过程中不要左顾右盼，要让自己的眼神保持相对的稳定。眼神定了，心神才能定。

❸ > 控制声音

如果你与小孩子相处过，肯定会有这样的发现，当小孩子紧张时，他的说话声音就会很小。

我们大人也一样，尤其在演讲时。所以，为了让自己看起来不那么紧张，我们就要刻意提高一下音量，这也是增加气势和自信的一种方法。

当然，任何事情都是过犹不及，提高音量也要有度，不是越大越好。同时，我们还要注意控制声音的稳定性，避免因为紧张而出现声音抖动或变音。这就需要我们平时加强声音的训练。关于练声的方法，我在前文有详细的介绍，大家可以借鉴。

❹ > 使用手势

演讲开场时，适当使用手势也能缓解紧张情绪，而且能让演讲效果更生动。如果一个人站在台上演讲，从头到尾都不动，就会显得很僵硬，这也是紧张的一种表现。

所以，我们不妨配合演讲内容设计一些恰到好处的手势，以辅助我们的演讲。

实际上，手势的作用不只是帮助观众理解我们演讲的内容，更多的是增加演讲者的信心。当你做出开放性的手势时，你的内心也是开放的；当你做出笃定的手势时，你的心态也是笃定的。

当然，我们也不要为了缓解紧张而不停地使用手势，恰到好处才是王道。

以上就是我们在演讲舞台上甩掉紧张、轻松开场的主要方法，运用这些方法，至少会使我们看起来不那么紧张。而做得多了，"假"的不紧张也会逐渐变成"真"的不紧张，我们就能够从必然王国走向自由王国。

控场：忘词时的应对方法

演讲中出现的最“恐怖”的状况，莫过于忘词了，也就是讲着讲着忽然“断片儿”了，大脑一片空白。对站在舞台上的人来说，不管你是著名的演讲“大咖”，还是主持人、歌手，甚至是某些重要人物，在演讲时都有可能出现忘词的状况。

明明之前已经做了所有的准备工作：思路、提纲、故事、诗一般动人的词语和句子……都是为了能在舞台上展示出我们的才学，表达我们的思想，结果正式开讲后却忘记了，这多么尴尬！

那么，忘词后有没有应对方法呢？

要解决这个问题，我们必须了解一下演讲时容易忘词的原因。你为什么会忘词？是本来就记得不熟，还是因为过于紧张、大脑短路了呢？

以我个人的经验，演讲忘词主要有下面两个原因。

❶ > 对演讲稿不熟悉

这个不难理解，如果你对演讲准备不充分，不熟悉演讲稿，在演讲时确实容易忘词。所以，如果你很重视某次演讲，就一定要提前做好充分准确，熟记演讲内容。

但是，这里面还有一种情况，有的人一旦忘词，就认为是自己对演讲稿不熟悉导致的，其实不然，有时问题恰恰出在你的演讲稿上。比如，你的演讲稿书面语太多、数据太多、长句太多、专业术语太多，都可能导致读起来费劲。如果你读的时候就已经感到费劲了，再脱稿讲出来，困难可想而知。

在这种情况下，你就要适当修改一下演讲稿，对一些很饶舌的词语、过于书面化的语言等进行修改和替换；对不易记忆的数据和专有名词等进行适当的删减，对长句子进行改短处理等。这样一来，演讲稿的难度降低了，你记起来就会容易很多。

❷ > 记熟了演讲稿，由于其他原因导致忘词

这种情况在演讲中最常见，可以这样说，无论多么有经验的演讲者，在演讲过程中几乎都经历过这一意外状况。

明明演讲稿记熟了，却因为一些其他的原因，导致大脑暂时出现空白，这有内在的原因，也有外在的原因。内在原因一般是演讲时过于紧张；外在原因则是外部环境导致你的思维中断，比如，

当你看向某个观众时，他本来低着头，但突然抬头了，并与你视线相碰，这时就可能让你的大脑突然短路。另外，话筒突然没声音了、PPT 突然黑屏了、现场突然有异响等等，都有可能打断你的思维。

简而言之，这就是个思维中断的问题。当这种情况真的发生时，你的心态往往比思维更重要。如果处理不好，可能就真的会冷场，让自己和观众都尴尬。但其实事情远没有我们想象得那么糟糕，台下的观众通常也都是很善解人意的。

这时我们要特别注意一点，就是不要道歉。因为不道歉，你还能想办法圆过去，而一旦道歉，问题就定论了。况且观众是来听你演讲的，不是来听你道歉的，道歉不会起任何好的作用，反而坐实了你的慌张。

当然，遇到这种情况时，我们也不能站在原地一直想词，通常的处理方法就是：马上连接思维，找到连接的断点。

（1）总结或强调前面的内容

一旦想不起来后面的词了，就马上用自己的话简单总结一下前面讲过的内容或观点，帮自己争取时间，回忆一下接下来要讲的内容。比如："朋友们，在讲解下一部分内容前，我们先回顾一下刚才提到的两点内容，分别是……"

或者是强调一下前面讲的某些重点内容，既能增强观众的记忆，又能为自己赢得时间。比如："在此我还要再强调一下刚刚我讲的内容，这部分很重要，我们要高度重视……"

如果在这期间你回忆起后面的内容了，那么在总结或强调后，可以继续讲后面的内容；如果还是没回忆起来，那就用下面这个办法。

（2）即兴往下演讲

这个方法就是你面不改色心不跳地即兴往下"编"，进行即兴演讲。

我们知道，每个演讲都有各自的主题。你虽然把演讲词忘了，但主题肯定不会忘，既然如此，那我们就围绕主题，即兴地谈一下你对主题的理解，通过这个主题联想到自己写演讲稿时所拟定的思路。这其实也是为了争取时间，帮我们尽快找到断点。

如果仍然记不起来，那就干脆越过这一段，继续下一个段落的演讲。也就是说，把忘记的这部分暂且忽略掉，从你能记起的地方继续讲。因为在很多时候，我们忘记的只是演讲词中的一小部分或一小段，不会忘记全部内容，这时就直接从你记得最清楚的那一段接着讲，并不会太影响整体效果。

说到这里，大家会发现，所谓解决演讲忘词的根本方法，其实就是提高我们的即兴演讲能力。因此，此时的心态很重要，只要你的心态不垮掉，就永远有挽救的方法。观众手里没有演讲稿，你讲什么，演讲稿就是什么，这也是我经常说的“演讲无定稿”的含义所在。

这也提醒我们，任何演讲者在演讲之前，都必须有心理准备，时刻准备着应对演讲过程中可能出现的突发状况。一个优秀的演讲者，不是站在演讲台上一字不差地把稿子生动地背下来，而是能够依照自己的既定演讲框架和思路，把自己想要表达的观点表达出来。不管你是不是用了演讲稿中的语言，只要意思不变，中心不变，主题不变，就是成功的演讲。

第六章

场景应战：生活处处有演讲

在日常生活中，我们随时随地都要与人保持沟通，比如进行自我介绍，到新公司应聘面试，在企业内进行竞聘演说，到某单位进行经验分享……在这些场景中的沟通，从某种意义上来说与演讲的性质都是相同的，只不过所面对的观众有所差异而已。而要实现自己的目的，我们就要学会面对不同场景中的沟通需求，时刻准备好应对生活中不期而至的演讲。

自我介绍：展现你的与众不同

职场类节目《非你莫属》有一期来了一个求职者，主持人问他："你能不能先介绍一下自己？还有，你参加过哪些社会实践活动？"

这位求职者是这样回答的："我有两个朋友，他们手里有一些生源，我们一起做一些包括校区选择、物品购置、价格制定等业务。在这个过程中，我主要负责两个方面，一个是技术方面的，就是我们那边的海报、宣传册由我负责；二是财务方面，每个月的财务状况调整……"

还没等求职者介绍完，嘉宾席上某教育集团的董事长就打断了他，说："你这不是介绍自己，你这是说的流水账，能说些有亮点的内容吗？"

在这位求职者的自我介绍中，虽然他看似介绍了很多内容，但只是罗列出了自己做的一些事情，完全没有突出重点，也没有突出他的个人优势，甚至他是谁都没说。

显然，这不是一个成功的自我介绍。

自我介绍是演讲的基本功，也是我们一生当中使用频率最高的一个场景。通过自我介绍，我们不但能向别人展示自己，同时还能反映出我们的语言表达能力。一段精彩的自我介绍，可以给自己一个清晰、准确的定位，并对自己过往的经历有个简单梳理，对未来进行落地展望。

我们在很多场合都要用到自我介绍，自我介绍的内容也有很多，比如姓名、年龄、工作经历、性格爱好，甚至包括星座、血型等。而且在不同的场合，自我介绍的内容和方法也不同。

一般来说，需要自我介绍的场合可以分为两类：社交场合和工作场合。在这两种场合，自我介绍要达到的目的也不同。

❶ > 社交场合中的自我介绍，让别人记住你很重要

所谓社交，目的就是交朋友，认识别人，也让别人认识你，这是我们进行自我介绍的一个明确目标。

但是，该怎样介绍自己呢？这要看你所在的社交场合都有哪些人。一般来说，社交场合都会有个明确的主题，比如某人的生日会、某个读书会、某个俱乐部的新成员见面会、某次培训会……总之，这里的人都是基于共同爱好或一个共同目的聚在一起的。

在这种情况下，社交活动的主题就是我们和观众的共同点，也是我们进行自我介绍时的主题。

接下来，你还需要确定自我介绍的观点。可能有人会问："自我介绍还需要什么观点吗？"当然需要，这个观点就是基于"让别人认识我、记住我"这个大目标衍生出来的小目标。小目标一般有两个，一是让别人记住你的名字，二是让别人知道你与大家有共同的热爱。

有了这两个目标，你就可以详细地准备素材，搭建自己的演讲结构了。这与我们进行其他演讲的步骤是一样的。

（1）准备素材

关于准备素材，需要做两件事：一是如何巧妙地拆解自己的名字，让别人一下就记住你；二是寻找一个与社交主题有关的故事，表达自己对这个主题的思考与感受。

这里要注意，自我介绍的重点在于你到底想要向大家展示一个怎样的你。一个自我介绍的时间通常只有 1~3 分钟，你不可能什么都介绍，只能选择最重要、最典型的来说。

所以，你要考虑清楚，此时此刻你想通过这场活动向别人展示你什么样的身份。比如，如果你参加的是读书会，那你的身份可能是学员，你可以谈读书对一个人的意义，或者读书对你的改变，等等。总之，一次自我介绍只能有一个重点。你要给自己设立一个有特色的标签，这样才便于别人记住你。

（2）搭建结构

由于自我介绍也是演讲的一种，所以完全可以使用我们前面介绍的“三段论”结构，即开场调频、中间讲故事、结尾点题。

为了便于正式自我介绍时更顺利，你在准备好素材后，可以简单地打个草稿。比如：

- 开场调频：很高兴来参加这次活动，我来自……，我的名字叫……
- 中间讲故事：我的名字的来历（好记），我和读书的故事（主题）
- 结尾点题：希望跟大家成为朋友，共同把读书这件事进行到底……

在主题为“我和演讲有个约会”的湖北省演讲协会新会员见面会上，有一位会员是这样进行自我介绍的：

> 大家好，很高兴作为新会员参加这次活动。
>
> 我叫罗风华，我的名字来源于毛主席的诗词“风华正茂”，对，大家猜得没错，我叫风华，我的弟弟叫正茂。我们都是风华正茂。（现场观众都笑起来）
>
> 我是一名党校教师，我对演讲最大的感触来源于去年我们单位的一次招考，一百多人报考我们单位，笔试之后，每

个岗位有3位进入面试，选一位录取。结果到了面试那天，有一个岗位有两位面试者弃权，只剩下一位面试者，也就是说，只要不出意外，这个岗位基本就是他的了……结果，意外就是出现了，这位面试者在面试过程中表现得非常腼腆，表达的时候也词不达意，最终没被录取。我当时就想，多么可惜啊，经过这么多努力，过五关斩六将，走到最后一步，却输在了不会表达上。其实很多大学生都存在不善表达的问题，在实际工作中，我们常常需要当众讲话，这是当今职场的一个重要能力。

今天来到这里，我希望能与各位演讲达人成为朋友，互相交流学习，共同探讨，不仅提高自己的演讲能力，更能帮助到更多人。

谢谢大家！

这个自我介绍就是非常典型的“三段论”结构，开头用一个很特别的方式介绍了自己，中间讲了一段故事，结尾扣题。她讲完以后，很多人都记住了这个幽默可爱的女孩，也记住了她的名字，记住了她讲的这个故事。这个自我介绍就非常成功。

❷ ＞ 工作场合中的自我介绍，展示自我优势最重要

工作场合的自我介绍一般都有明确目标，比如求职面试、商务谈判等。这时的自我介绍通常要求短小精悍、直截了当，重信息交换而非情感交流，语言简单凝练是主要特点。

就拿最常见的求职面试来说，由于面试时间有限，面试官在让你介绍自己时，都希望你能证明“我为什么要雇用你”。这就需要你在短时间内告诉面试官你的优势有哪些、为什么适合这份工作等。所以在面试介绍中，我们的语言既要有概括力，又要有论证力，这样才能言简意赅，有理有据，说服面试官。

但是，很多新踏入职场的“小白”，在面试时都非常紧张，不知道怎么才能表现出最佳的自己，也不知道是该谦虚谨慎一点，还是该个性自我一点。如果你也这样想，那说明你的面试目标一开始就没有定位准确。

一般来说，我们可以按照下面的几个步骤准备面试演讲。

（1）明确目标

面试一定是针对某个具体岗位的，所以你参加面试的目标很明确，就是证明你是这个职位最合适的人选，你的自我介绍也必须指向这个目标。

（2）了解观众

你的观众就是面试官，但对面试官的个性、爱好等，我们不可能事先了解，那就要转换思维，了解面试官所代表的企业的情况。比如，企业的性质、背景、对该职位的要求等。

（3）确定观点

要想证明自己适合这个职位，就要证明自己与该职位的匹配度。这时，你就要给自己一个恰当的定位，决定从哪个方面来证明自己。也就是说，你要包装一下自己，然后把自己最适合该职位的一面展示给面试官。

（4）素材准备

在这一步，你可以列个表，把你要应聘岗位的要求逐条列出来，然后进行自我匹配，挑选出自己符合要求的材料进行填充。

比如，你想应聘总经理助理一职，就可以列如下表格：

	总经理助理	自我匹配	案例材料	其他
岗位要求	善沟通	喜欢与人交流，有很多朋友		
	做事有条理	工作习惯：列计划、重统筹等	做过的项目，案例 1、2、3……	
	时间观念强	我认为……		
	忠诚踏实	别人说……		
	文字能力强	专业背景：中文	写过的文章，发表过的论文	
	服装要求	职业干练		
优势特长		善沟通，会主持	有主持会议经验	

通过这个表格，你能更清晰地认识自己和了解这个岗位。表格中的内容，你在面试时都可以主动说；超出表格的内容，如果对方不问，就没必要说了，比如兴趣爱好、星座、血型、是否有男女朋友等。

（5）画出重点

在面试中，面试官通常考察的是面试者的岗位匹配度与工作态度。从这两方面着重推荐自己，一般都不会出错。

（6）搭建结构

工作中的自我介绍同样可以套用“三段论”结构，你可以根据上述表格中所列的条目，准备一个发言提纲。

①开场调频

在面试中，由于时间较短，我们可以直入主题，比如：

> 各位领导下午好，我叫 ×××，想应聘贵公司总经理助理的岗位。我想各位可能已经看了我的简历，对我已经有了初步的了解，下面我重点介绍一下我的情况。

②中间讲故事

重点介绍自己的专业背景、工作履历和优势特长，主要包括下面几个要点：

- 专业背景（如果专业有优势，可以在这里说，没有就不提）。
- 工作经历（重点谈与应聘职位相关的工作经验及取得的成绩，可用谈体会的方式介绍自己有列计划的习惯、时间观念强等）。
- 优势特长（介绍自己对应聘职位有利的特长，如善于沟通、值得信赖等；也可以介绍一下自己的兴趣爱好，塑造性格阳光健康的形象）。

③结尾点题

在这一部分，我们主要表达自己希望进入该公司工作的想法。

我的一个学生一直想进入招商银行工作，她应聘的是审批岗位。在面试前，我帮她修改了自我介绍。她的自我介绍是这样的：

> 各位面试官上午好，我叫 ×××，湖北襄阳人，非常荣幸有机会能够参加今天的面试。
>
> 我于 2014 年毕业于 ×× 大学，金融学专业本科。我性格开朗，爱好广泛，喜欢运动。在大四期间因表现优秀，我被派到建行省直支行实习，主要从事对公业务会计柜面岗位，

这是我第一次接触到银行的工作，深刻地体会到细致、耐心的工作态度是非常重要的。实习结束后，我发现自己很喜欢这个行业，所以一毕业我就通过校招直接进入深圳招行零售信贷部，开始从初审做起，一路得到领导厚爱，又经过放款，最后提升（晋升）到后督流程岗，目前主要从事对整个审批流程的质量监督审查工作。

在审批中心工作了近两年，我非常喜欢这个团体，也很喜欢招行这个大家庭。它培养了我专注、细心的工作态度，以及缜密的逻辑思维方式，同时积累了一定的工作经验。我深知，这份工作需要责任感和认真踏实的态度，我会努力学习，谨慎踏实，认真对待我的工作，希望各位领导能给我一次机会，谢谢！

最终她如愿以偿，进入了自己心仪的银行和部门。这首先得益于她对这个岗位的深入了解、对企业文化的认同，也得益于她对自己履历所做的整理，重点强调了与应聘岗位相关的履职体验，不仅展示了自己的“才”，还展示了自己的“德”，通过描述自己的工作体会，强调了自己对待工作的细致、耐心和热爱。

总而言之，在求职面试时，我们的自我介绍要体现三个要点，一是自己与岗位的匹配度，并且保持谦虚谨慎的态度；二是介绍自己时要重点突出，条理清晰；三是你的介绍要有职业性和目的性，这样才更符合面试官的期待。

工作汇报：让你在职场如鱼得水

在职场上，你遇到过这样的问题吗？

- 明明自己在工作中付出了很多，领导就是看不见。
- 自己工作很努力，却得不到重用。
- 业绩和别人差不多，却始终没有晋升机会。

……

在遇到类似问题时，你能找到原因吗？

在我看来，造成上述局面的原因，可能是你不懂得如何在领导面前展示自己。因为有时即使你的工作做得很出色，如果不懂得有效汇报，也容易被领导忽略，甚至低估你的能力。

在职场中，工作汇报随时随地都会发生。根据实际场景，工作汇报可以分为两类。一类叫作随机式汇报，比如你突然被领导叫到办公室汇报工作；或者开会时，临时需要你介绍一下某项工作的进展情况。这些都属于即兴表达。另一类叫作演讲式汇报，比如公司组织年会，需要你对全年的工作情况做一下汇报；或者某个项目结案了，需要你就这个项目进行工作经验总结交流。这类演讲通常都有准备时间，你完全可以按照准备演讲的步骤进行准备和演练。

接下来，我分别就以上两类工作汇报的要求跟大家分享一下具体操作方法。

❶ > 随机式工作汇报

说到底，工作报告仍然是演讲的一种，完全可以按照演讲的步骤来准备。

（1）明确目标

工作汇报的目标是什么？自然是为了解决问题，推进工作。

（2）了解观众

在准备工作汇报前，我们不妨思考一下，领导为什么要找你汇报工作？自然是为了掌握工作进度，了解问题，同时及时调整、解决问题，以期更快地达成工作目标。所以，领导想要的，就是你要努力做到的。基于此，我们在准备工作汇报时，就要按照领导想要的思路进行，这也是最有效的表达方式。

（3）确定观点

工作汇报里的观点是什么？我想这应该是考察一个员工才能的最好时刻。

我们可以以一个职场案例来说明这个问题。

王芸在公司工作快三年了，比她后来的同事都陆续升了职，她却原地不动，心里颇不是滋味。

终于有一天，她冒着被解聘的风险，找到领导理论。

"领导，我有过迟到、早退或乱章违纪的现象吗？"

"没有。"老板很干脆地回答。

"那是公司对我有偏见吗？"

老板先是一怔，继而说："当然没有。"

"那为什么比我资历浅的人都能得到重用，我却一直在微不足道的岗位上呢？"

老板一时语塞，然后笑笑说："你的事咱们一会儿再说，我手上正好有个急事，要不你先帮我处理一下？一家客户准备到公司来考察产品状况，你联系一下他们，问问什么时候来。”老板说。

一刻钟后，王芸回到老板办公室。

“联系好了，他们说可能下周过来。”王芸向老板汇报。

“具体是下周几?”老板问。

“这个……我没细问。”

“他们一行多少人？是坐火车还是飞机?”

“啊？您没让我问这些啊!”

老板没再说话，然后打电话叫张怡过来。张怡比王芸晚到公司一年，现在已是一个部门的负责人了，张怡接到了与王芸相同的任务。

不一会儿，张怡回来了，开始向老板汇报工作。

“陈总，是这样的，他们乘下周五下午3点的飞机，大约晚上6点钟到，一行共5人，由采购部王经理带队。我跟他们说了，我公司会派人到机场迎接。”

“另外，他们计划考察两天时间，具体行程到了后双方再商榷。为了方便工作，我建议把他们安置在附近的国际酒店，如果您同意，明天我就去预订房间。”

“还有，下周天气预报说有雨，我会随时和他们保持联系。一旦情况有变，我将随时向您汇报。”

王芸在一边听得脸不禁发红，再也不好意思说什么了。

王芸和张怡两人的工作汇报方式高下立现，通过这个案例，你是否理解了工作汇报里的“观点”了呢？

观点，其实就是基于你对领导意图的理解做出的判断，它考验的是你对整个工作的认知水平。能看到工作中的问题，说明你在认真观察和思考；能给出好的解决方案，说明你具备解决问题的能力。能够发现问题，并提出解决方案，你的汇报才更有针对性、更有价值。

（4）准备素材

要把工作汇报好，收集相关信息和资料是必要的。收集哪方面的资料、收集多少，这些都要结合我们汇报的观点，最终服务于工作的推进。

比如在上面的案例中，张怡收集的信息和王芸收集的就很不同，原因在于她们对工作思考的角度不同，汇报工作的目的也不同，张怡显然是站在解决问题的角度，而王芸则是被动地执行领导的指令。

（5）画出重点

很多时候，我们在汇报工作时不止汇报一件事，可能要多项事情一起汇报，这时就要做好统筹安排，画出重点，排出顺序，通常都是先说重要的事、紧急的事。

当然，这仍然需要具备领导思维，你要先判断出领导认为哪件事最重要、最紧急，然后按照领导的需要依次汇报。

（6）搭建框架

工作汇报的内容可以提前打个草稿，也可以根据场合需要做个 PPT，但总体上可遵循“总—分—总”的结构进行汇报。具体来说，可以按照下面的步骤进行：

①总：“老板，今天有三个事情需要跟您汇报。”

②分：第一件事，最紧急的事情，比如：“半小时后有个重要的会议需要您参加，这次会议的主题是……需要您发言，我给您拟了一个发言提纲……”

第二件事，次紧急的事情，比如：“我们和 × 公司的合同到了，需要您确认，我已经把重要部分标出来了，您可以重点看一下，这个合同需要在明天中午前确认。”

第三件事……

③总：“前两件事需要您今天就处理，提纲和合同在您桌上……”

这就是一个比较高效的工作汇报模板，看起来虽然简单，但做足了准备工作，不仅给出了事件排序，还给出了解决方案，并且告知了时间节点。试问，这样的工作汇报，老板能不喜欢吗？

2 > 演讲式工作汇报

与随机式工作汇报相比，演讲式工作汇报显得更正式一些，多用于工作结束后的总结回顾，或工作告一阶段后的自我评价。随机式工作汇报的对象一般是领导，演讲式工作汇报的对象可能是更多人或某个群体，所以需要区别对待。

（1）明确目标

演讲式工作汇报的目标通常是通过全方位回顾工作过程，积累经验，总结问题，以期对未来工作起到指导和借鉴作用。在这个过程中，总结是提升的必要方式。只有不断总结过去，才能使自己的能力得到新的提升。

（2）了解观众

演讲式工作汇报的观众一般是自己单位内部的同事，如领导、团队成员、其他部门的同事等。针对这样的人群构成，我们要确定自己需要展示的是什么。

（3）确定观点

这种工作汇报的观点应该分两个层面来确定，分别为工作层面和个人层面。

在工作层面，要善于总结经验教训，思考规划建议，以期未来把工作做得更好。

在个人层面，要积极总结个人得失，思考改进方法，以期获得更好的成长。

（4）素材准备

全面梳理自己的工作过程，对经验和教训进行总结，对涉及的数据和重要评价进行收集整理。

（5）画出重点

既然工作汇报的目标是指导未来的工作，那我们就要把汇报重点放在工作层面，个人总结应置于次要地位。

（6）搭建结构

演讲式工作汇报仍然可以采用“三段论”结构。

①开场调频，比如：

各位领导、同事：

大家好！

很高兴能代表 ×× 部门发言。今年，我们顺利完成了几个重大项目的工作，取得了……的好成绩，这些都得益于领导的大力支持和团队成员的共同努力。对于今年的工作情况，我也进行了认真的梳理和思考，有成功的经验，也有尚需改进的地方，下面我具体地说一说。

②中间讲故事

中间为重点讲述内容，其中要包括重要的经验、工作中尚需改进的地方，以及对未来工作的建议、对个人成长的思考等。

③结尾点题

结尾一般要展望未来，表达对未来的希望与期待。

总之，在进行工作汇报时，我们需要明确上述问题，然后按具体步骤认真准备，相信你一定能获得领导的赏识，在职场上大展宏图。

竞聘演说：说服观众，脱颖而出

竞聘演说是一种说服式演讲，也是演讲中难度比较大的一种。美国总统大选的演讲都属于竞聘演说，目的是说服和感染观众，得到他们的认可和信任，然后为自己投票。

竞聘演说的目的非常明确，就是说服领导、评委、同事等，把选票投给你，让你成功竞选上某个职位。

但是，有些人在做竞聘演说时，往往把握不好演讲内容，甚至使内容出现喧宾夺主的情况。

我们来看下面这个案例：

侯浩是一名项目经理，一直负责工地的建筑项目。现在，他想要竞聘公司的工程部副总经理，于是准备了自己的竞聘演说。然而在演讲过程中，他只强调自己所负责的工地建筑项目的情况，关于自己竞聘工程部副总的优势、未来规划等，只字未提。结果可想而知。

我相信有很多人在竞聘演说时都会犯类似的错误，不能很好地展示自己的优势，或者对竞聘岗位缺乏深入的理解、对未来的工作缺少规划，这样的竞聘演说是很难成功的。

既然竞聘演说也是公众演讲的一种，那么我们在进行准备时，同样可以按照公众演讲的思路进行。其实当你具备了公众演讲的思维习惯后，你就会发现，它在很多演讲场合都适用，并且用这种方法分析问题的结果也最接近目标。

下面我们就来试一试。

（1）明确目标

竞聘演说的目标是什么？很明显，就是要证明自己是这个职位最合适的人选。从这一点上来看，竞聘演说与求职面试很相似，区别只在于面试官不同而已。

（2）了解观众

假如你是一名学生，面试官就是你的同班同学，可能还有老师；假如你是职场人士，面试官就是你的同事、领导。他们会给什么样的人投票呢？换句话说，什么样的演说能打动他们的心呢？这就是我们在竞聘前需要思考的问题。

（3）确定观点

要打动你的同事和领导，证明你最适合这个职位，首先你要对自己有清晰的了解。比如："我为什么要竞聘这个岗位?"在回答这个问题时，我们不仅要站在这个职位本身来思考，还要站在大的层面，站在领导和公众的角度来考虑。很多人觉得既然是竞聘演讲，那就应该凸显"我有哪些优势"，其实这是一个误区。竞聘与面试不同，竞聘的现场观众是你的同事和领导，大家彼此很熟悉，知根知底。如果过于展示自身优势，恐怕就有自吹之嫌，反而让人觉得不实在。所以我认为，更能打动评委的应该是你对竞聘岗位的热情和无私奉献的心理准备，而对自己的优势特长则应该持谦虚谨慎的态度。

（4）素材准备

要想竞聘成功，就要为演说准备充分的素材。可以按照"为什么—是什么—怎么做"这样的思路来准备素材。

首先要明确你为什么要竞聘这个岗位；然后解释新岗位是什么，谈自己对这个岗位职责的认知，用案例和数据来证明自己有这个能力胜任岗位；最后谈怎么做，说说竞聘成功后你的规划和打算。

（5）画出重点

在你准备的素材中，你认为哪方面的素材最重要？在我看来，应该是你对竞聘岗位的兴趣与热情。兴趣是最好的老师，只有你真的想要做好，你才有可能克服困难，承担压力，这是无论领导还是群众都很看重的东西。所以，我们演讲的重点应该放在表达这份“初心”上，要以情感人。

（6）搭建结构

竞选演说的思路同样可以采取“三段论”结构。

①开场调频：开场表明自己参加此次竞聘的目标。

②中间讲故事：在这部分，你可以按照“为什么—是什么—怎么做”三步来设计自己的故事。

比如，一个年轻人在竞聘销售经理这个岗位时，是这样表达的：

大家好，我今天要竞聘的是销售经理这个岗位。我在销售这个岗位上已经工作三年时间了，我非常热爱我的工作，也取得了一些成绩。去年第三季度我的销售业绩排名第二，获得了公司的嘉奖。

今天我来竞聘销售经理这个岗位，是因为我希望在做好销售本职工作的基础上，个人能力能有进一步的发展和提升。我希望能够挑战新的岗位，既能做好销售，也能带好团队。

在我看来，销售经理这个岗位非常重要。人们都觉得这个岗位应该由销售能力最强的人来担任。但我不是这样认为的。我觉得销售经理最应该具有的一项核心素质，就是敬业精神。最该具备的“两大专业技术”，一是专业的产品知识，二是专业的销售能力；最该具备的“三方面管理才能”，分别为团队沟通才能、团队协调才能和解决问题的才能。因为销售经理需要带团队，团队业绩好才是真的好。销售经理需要不断鼓励团队创造新的业绩，需要协调与其他部门的关系，更需要能够站在更高的层面上看待问题。掌握了这“一、二、三”点，才是优秀的销售部门管理者。

如果我能够有幸走上销售经理这个岗位，我会重点抓好以下三方面工作：一是抓好团队建设，通过团队奖励机制建设和组织团队拓展活动，树立团队意识；二是抓好业绩建设，通过组织产品知识学习和销售经验交流等方式，提高团队成员的销售水平和能力；三是积极协助领导，加强部门之间的合作与沟通，进一步提高工作效率。毕竟，业绩才是硬道理。当然，我也会不断学习进步，更快地适应新的岗位。

你看，这位竞聘者就抓住了竞聘的重点，运用“为什么—是什么—怎么做”三步，条理清晰地阐述了自己的观点。

在竞聘演说的中间部分，如果你想得到领导的认可，就要向领导展示他必须聘你的理由。这个理由包括你对竞聘岗位的正确理解。这一定是站在领导的位置，站在公司层面来考虑的问题。拿上面的案例来说，领导对一个销售经理的期待和要求是什么？肯定不仅仅是业绩，还要培养人，带团队。这就应该成为这个职位的要求，而这位竞聘者的演讲就符合领导的想法。

同时，还要结合自身情况与岗位进行匹配。自己并不是销售业绩最棒的人，那么自己有什么优势来竞聘这个岗位？这个竞聘者就善于创造性思考。其实销售经理并不一定是业绩最好的人，而应该是最善于带团队、沟通协调的人。这个想法就很好地弥补了短板。

最后一步，也是最重要的，就是你打算在竞聘成功后怎么做，即你对竞聘岗位的规划。这一步很关键，评委或领导一般都会很想知道你对这个岗位的未来计划，因此你需要详细地告诉对方，你竞聘成功后具体会做什么。

有了这“第一、第二、第三”的详细规划，领导不仅对你的能力有所了解，同时也更容易对你产生信心，这对你竞聘成功无疑是有巨大帮助的。

③结尾点题：以情感人，感染观众，再次表达自己对竞聘岗位的信念与愿望。

比如，在一次竞聘演说中，一位竞聘者的演说结尾就很不错。她说：

各位领导和同事，最后我不想再表白什么，但有句歌词大家一定都听过："天地之间有杆秤，那秤砣就是老百姓。"我愿意站在这杆秤上，为大家做好服务，也希望大家为我抬起这杆秤，给我一次证明自己的机会。谢谢各位！

这个结尾就很独特，类比生动，简洁有力。在结尾拉票，关键就是用金句再次表态，让观众记住你。关于结尾拉票，我们在电视节目上也看到很多，有引用名言的，有自创金句的，有唱歌的，有吟诗的。其实都是在创新意，以情感人。

关于竞聘演讲，以上提供的只是一个常规套路，你完全可以结合自身情况有很多创新，但无论如何创新，都要避免自吹自擂。多从领导和同事的角度考虑问题，充分展示你对竞聘岗位的热情和奉献精神，这样才能用你的"初心"获取观众的"芳心"。

会议发言：体现个人独特见解

在我们的生活中，经常有这样一种人，平时在朋友、家人面前侃侃而谈，一旦让他在开会时发个言，马上就打哆嗦，讲话也吞吞吐吐；还有一些人，虽然能在会上发言，可总是讲不到点子上，原本私下里聪明睿智、才华横溢，却因为不会讲话，给领导、同事留下了没想法、没思路的印象……这也像我们在前文说的，只要场合一改变，一些人的口才和反应能力就随之改变了。可见，当众发言并不是一件容易的事。

但是，我们应该注意到，那些善于在会议上发言的人，往往更容易走向成功。原因就在于，这样可以更好地展示自己的优势和成绩。我常常在讲课的时候说："开会不发言，等于没开会。"一次会议中，只有敢发言并发言出色的人，才能引起他人注意，否则即使你才华横溢，在单位里可能也始终是个"透明人"。很多时候，不是我们不够努力，只是因为害怕说话，让我们失去了很多好机会。因此，我们在会议上要积极发言，用演讲的方式勇敢地展示自己，为自己赢得更多更好的发展机会。

当然，在会议上发言也不能完全为了发言而发言，如果你没有进行认真的思考和准备，发言只会讲得不知所云，反而不如不发言。我们发言的目的是为了展示出自己的真知灼见，给领导、同事认识我们的机会。因此，我们要重视会议发言的重要性，提前做好发言的准备。

一般来说，会议发言分为两大类：即兴发言和有备发言。

❶ > 即兴发言

即兴发言是指在开会过程中，领导或会议主持人突然让某个人回答某些问题，或者会议中所讨论的事情刚好涉及某人的工作内容，这时就可能请他发言。这样的发言，不仅考验你的思考能力、应变能力和口头表达能力，还考验你对问题的理解能力，以及对专业知识、业务流程的掌握能力。

在很多人看来，即兴发言就是即兴的，准备时间很短或几乎没有。这么有挑战性的事情，那些演讲高手却不管何时何地都能张口就来，而且都那么精彩，是不是掌握了什么‘秘密武器’？运用这个‘武器’，我们是不是也能像那些演讲高手一样，轻松驾驭，游刃有余？

对于这个问题，我想说的是，不管是即兴演讲，还是大会上的即兴发言，秘密其实就是永不即兴。你看到的那些精彩的即兴演讲，都是有备而来的。

我在前文中说过，言由心生，学演讲，学的其实是思维。我们怎么思考，就会怎么说话。只有不断锻炼我们的思维能力，使思维和表达变成一种习惯，在拿到任何一个话题的时候，我们才能临危不乱、有条不紊地发言。

所以，不管你在一场会议中的“戏份”重不重，在开会前，都要将会议议程看一遍，提前了解会议目的、参会人员、相关事务和各种数据资料等。事先掌握这些情况，你才能对会议主题、会议内容等做到心中有数。之后，你就可以根据会议主题，按照我们准备演讲的思路来准备发言脚本了。

会议发言重在言简意赅、就事论事，一些客套的话，如“各位尊敬的领导、各位同事，大家好！感谢大家给我的发言机会……”等，尽量少说或不说，否则不但浪费会议时间，还会让人感觉你发言啰唆。

在准备发言脚本时，首先就是明确会议目标，比如要举行的是以环保节能为主题的研讨会，那么会议目标就是公司如何做到环保、节能。

其次是了解观众，会议的观众自然是公司的领导和相关部门的同事了。

接着，确定观点。比如在以环保节能为主题的研讨会上，观点一般是通过哪些措施、哪些手段，来做到环保、节能。在确定观点时，既要考虑可行性，还要考虑对公司效益的影响等问题。

再下一步就是收集资料，准备素材。如果材料比较多，你也可以对其进行精简、整合，画出重点，并打印下来，开会时带入会议室。一旦会上被领导提问或要求发言，你也能言之有物、言之有据。在参与讨论阶段，同样能信心十足地陈述自己的观点，或者主动为领导、同事等提供相应数据，让大家觉得你是个做事有准备、严谨细致的人。

当材料准备充分后，你就可以搭建发言框架了，这个框架仍然可以按照我们在前面讲到的“总—分—总”结构。比如：

> 今天我们要讨论的主要问题是……（总），为什么会出现这样的问题呢？我认为原因有三个，第一……第二……第三……要解决这个问题，我们应该……（分）。最后，我总结一下……（总）

这样的阐述方法，一方面能让观众听清你的发言思路，另一方面也能让你保持清晰的逻辑，不跑偏，也不会丢内容。

也可以按照“现象—原因—建议”的模式，即“现在的现象是什么（一般是不好的现象）、原因是什么、建议是什么”的思路来发言，同样很有逻辑性。比如：

> 上周我们的店面业绩总体下滑15%……（现象），其中一个原因是价格提升了，很多老顾客消费水平下降了……（原

因）。所以，我们在努力降低进货价格的同时，还需要加大差异化营销（建议）……

另外，在发言时，还要充分考虑其他参会者，必须结合其他参会者的发言随时对自己的内容进行调整，不要让自己的发言始终停留在“表达”层面，还要学会“共情”。

比如，当与会者和你的意见相同时，你可以表示赞同，这是对他人的一种肯定和鼓励。但如果有人的意见与你不同，也不要言辞犀利地反对或直接否定对方。虽然很多时候开会需要各抒己见，但也要保持谦虚的态度。所以，在发表自己不同的意见之前，应该先对他人的发言表达“认同”，把否定变成肯定。

比如，可以这样对待不同的意见：

- ××讲的内容，我感到非常……（好的感受），让我很受启发。同时，……（表达自我想法）
- 对于您提出的这个观点……（好的一面），同时，我想，我们是否能考虑另外一种做法……
- ××领导，刚才受到您的启发，我突然想到……

总而言之，会议发言切记不要直接否定别人，特别是对领导的讲话，我们要给别人留足面子。如果有些意见实在不能达成共识，可以在会后私下找对方继续沟通。

❷ > 有备发言

有备发言是指在开会前就知道自己有发言任务，比如领导安排你来担任会议主讲人，或者在会议上做一次工作汇报等。

既然是有备发言，就说明我们可以有时间来认真准备，所以有备发言一般要比即兴发言容易得多。它的准备步骤与我们准备其他演讲稿的步骤是一样的，只不过演讲主题不同而已。具体到会议发言，你也可以参考上文中的即兴会议发言的模板，准备自己的发言稿。

经验分享：让彼此都有收获

我在做演讲培训过程中，经常有个人或企业来请我分享演讲技巧，最开始的时候我认为，分享就是去做个演讲，把干货、硬货讲到了，观众自然就有收获。

但是有一次，我在上演讲培训课时，讲了半个多小时后，发现下面观众的情绪并不高。我感到很奇怪，因为当天演讲的内容是我精心准备的，我认为其中的干货还是蛮多的，为什么出现这样的场景呢？

于是在课间休息时，我就下去跟观众聊天。我问他们："你们感觉今天的课程怎么样？"

一开始大家还不好意思说，闲聊了几句，大家放松后，有个学员提出说："老师，我感觉您讲的内容很好，但如果多点儿互动就更好了。"

"培训还需要有互动吗？"我问他们。

“是这样的，老师，有时我们学员就某个问题也会有一些自己的看法，想要跟您交流一下，然后请您分享一下经验。”

在后面的课程里，我让大家分别组成了几个小组，对我分享的问题进行讨论，并要求每个小组给出一个观点，观众才逐渐变得活跃起来，效果也非常好。

通过这场演讲，我更加坚信，演讲前了解观众需要是多么重要。有时我们认为的“观众需要”，可能只是“我们认为”，而观众可能还有其他我们没有了解到的需要。比如在经验分享类的演讲中，就不一定完全以演讲者为中心，因为观众对你所分享的话题可能也有自己的观点。这时如果你能抓住观众的这一需要，那么你的分享将更能调动观众的热情，不但能让观众获得更多的经验，我们自己也能从中受益。

其实这个道理也不难理解，人的注意力都是十分短暂的，如果你在台上演讲的时间稍长一些，比如超过了 20 分钟，那么台下观众的注意力可能就要分散了。有些演讲者一旦发现台下观众对自己的演讲越来越没热情，自信心就会受到打击，然后想的可能就是:“观众已经不想听了，我要尽快结束演讲!”而事实上，作为一个成功的演讲者，你要主动去改变观众对你的态度。

经验分享原本就是一种互动性很强的演讲活动，没有互动的分享，就算你在台上讲得热火朝天，也很难点燃观众的热情。尤其是对一些具有一定社会经验和工作能力的观众来说，他们也喜欢把自己接触到的新知识、新经验与自己的知识和经验进行对比，如果发现不一样，他们可能就会提出异议。所以在很多时候，分享是没有标准答案的，关键在于演讲者和观众一起加入，共同寻找答案。

所以对经验分享而言，尤其是以培训交流为目的的经验分享，很多人都是企业培训师，虽然讲课很有经验，但缺少实践。现在的企业培训，越来越偏向于探索和引导。对培训师来说，互动就显得特别重要。一场只是以培训师单向输入为主的培训，会很乏味古板，很难调动学员的参与感。优秀的培训师都是擅长调动气氛，喜欢采用有效互动来完成课程的。互动可以最大限度地增加学员参与感，调动学员积极主动思考，只有学员主动的课堂才是最有效率的课堂。这也是我做多年培训的最大感受和体验。

很多人都看过 TED 演讲，TED 演讲模式非常简单和纯粹。一个简单的舞台，没有 LED 的大背景屏，只有暗色的背景色调，没有视频和音乐，只有一个人看似很随意地演讲，其间有互动、有调侃，气氛轻松自然，充满着一种聊天式的分享。

而我们的演讲多是以比赛的形式呈现的，阵势宏大，形式要求比较多，在很多企事业单位做演讲分享或比赛的时候，都会要求有 LED 大屏、音乐、背景图等，这些几乎已经成了演讲的标配。但有时恰恰是因为这种浓重的形式氛围，让演讲变成了一种表演，不仅观众这样想，连演讲者自己也陷入一种表演的氛围当中。所以演讲也好、培训也罢，都很容易变味，甚至远离了演讲本身作为思想传播的功能价值。

那么，我们该怎样做好经验分享类的演讲呢？

作为一种演讲形式，经验分享同样可以沿用演讲的主要模式。

第一步，明确目标。经验分享，顾名思义，目标自然是把你的经验、方法等分享给观众，让观众通过听你的分享内容，把它们应用到自己的工作和生活中。

第二步，了解你的观众。这一点前面我们也说了，非常重要，有时候我们自以为了解观众了，但可能并没有抓住观众真正需要的点。所以在这一步，你一定要弄清观众真正需要的是什么，他们迫切想要了解的是什么。他们可能持有的观念是什么？我们可以在了解的基础上设计出互动的问题，预设观众的反应，更好地传达出自己的观点。

第三步，画出重点。任何一场分享，都要带有目标性，因为观众都是带着目标来听你的分享的，你分享的观点一定要有针对性，要点突出，条理清晰。这一部分也遵循“少比多好”的原理，很多时候，我们想分享的内容很多，我们愿意倾囊相授，把自己知道的一切都告诉别人，但事实上，一场演讲的时间有限，这就要求我们重点突出。一次分享一两个重要经验就可以了，贪多嚼不烂，我们要适当舍弃，才能更好地突出重点，把最重要的经验传递出去。

第四步，也是最重要的一步，就是搭建框架。我们之前介绍的“总—分—总”结构，就非常适合进行经验分享。用这种结构设计的分享，重点突出，逻辑清晰，效果非常好。

我在分享时喜欢以提问开场，我会把我这节课要解决的几个问题列出来，一个大问题引出几个小问题，然后各个击破，一个个来探讨解决。

比如，我要做一次演讲比赛的赛前培训，我会这样开场：

今天的课程，我们的目标就是：解决一个问题：演讲比赛——我拿什么征服你？（大屏幕中央出现这个问题）

要解决这个问题，我们先得解决两个小问题：第一，什么样的演讲是好的演讲？简而言之，就是什么样的演讲会拿高分。第二，我们该如何准备一场演讲？……

好，现在我们再来看看第一个问题，我想大家可以小组讨论一下，你们见过的好的演讲是什么样子的？大家总结一下，然后请代表发言……

好，现在我们一起来总结一下，好的演讲一定具备这样一些特点……

整个课程，我都是用“提问—探讨—总结”的形式来进行，这样培训的好处在于，学员的参与度很高，课堂氛围很好，自己思考总结出来的答案，总是更容易被人所接受，比单纯的“老师讲、学生听”的效果要好很多。

这种方法的要点在于，事先一定要做好准备，列出一系列问题，每一个问题都必须跟我们的教学目的一致，并且精准。对于学员的答案，我们也要有预估，无论他们怎样回答，最终都能落到一个要点上，这样你就可以掌控全场。

对于经验分享而言，搭建框架，画出地图是最重要的一步，因为这是引导式教学模式的精髓所在，而一个人大脑中的框架和路径越清晰，讲出的话就越清晰、越有条理。这样的演讲不会偏题或者思维发散，始终能聚焦和解决问题。

比如，你要做一个关于产品优化的分享，就可以这样讲：

> 今天，我要给大家分享两点内容，分别是产品如何改进现有功能和如何添加新功能。
>
> 我们先从第一点讲起，即产品如何改进现有功能……
>
> 好，解决了这个问题，我们再来看第二点：产品如何添加新功能……
>
> 以上我们从两方面讲了产品优化的方法，一个是如何改进现有功能，一个是如何增添新功能……

如果你的经验分享具有清晰的逻辑框架，尤其在每个知识点上都加上“第一”“第二”这样的序数词，那么就算你的分享中没有 PPT，观众也能随时掌握你的分享进程。

设计好分享的路径和结构，接下来你就可以着手准备 PPT 或者演讲纲要了。PPT 制作完之后，你可以把 PPT 大纲打出来，一张一张地练习，你还可以边说边记录下分享的要点，这是我常用的做法。

当然，在现场分享时，还要注意与观众的互动，要随时根据现场观众的反应，不断调整你的分享方式，调动听众的情绪，调节现场气氛，使这个演讲场始终处于一种自由、轻松、开放、接纳的氛围。

有时候，我们遇到的是另外一种经验分享，不是以教学培训为目的，而是针对某一群人，谈谈自己的人生体验，讲讲自己的故事，提供一种人生选择的思考。很多名人演讲属于这种类型。

央视《开讲啦》请到湖南卫视著名节目主持人汪涵演讲，向年轻人分享自己的人生经验。他分享的题目叫作“不要轻视行动的力量”。

他在演讲时说：“其实，我在这里特别想和年轻朋友分享的就是，不要轻视行动的力量，也不要轻视个人的力量。用心地去做你认为该做的每一件事情。就像我……

所有的每件事情，都是我心里觉得我应该去这么做，而且这么做我特别特别开心，不管是什么情况，我都接受。比如说今天的灯光，突然间没有往昔那么好了，今天的摄像不是你以往熟悉的，今天你化完妆之后总觉得黑眼圈比平常大很多，今天的嘉宾，今天的台本，今天所有的一切都那么不如意，赶快在内心鼓掌，因为你的机会来了。我一定要学会很好的忍耐，这样的一个特别尴尬或者是特别难堪的局面，我一定要扛下去，因为面对困难无非三点：第一，渡过了这个难关，你有渡过难关的智慧；你面对困难，你有了面对困难的勇气，你绕过困难，你有了绕过困难的狡猾。多好。你还要生命教你什么？你还要这个舞台教你什么？就像塞内加曾经说过这样的一句话：何必为部分生活而哭泣，君不见全部的人生都催人泪下。但是我想，他所呈现的应该是这样的一种情绪：既然我们都知道最终的结束是那样，我们为何不开开心心的、欢声雀跃的、一蹦一跳地朝着那样一个归宿去。……”

汪涵的这一段演讲非常动人、真诚而美好，可以说是关于人生经验分享的典范。他的演讲非常精彩，每一个眼神动作、语音语调、语速节奏都恰到好处，紧紧抓住观众的心。尽管他的演讲时长 11 分钟，但他只讲了一个观点：不要轻视行动的力量，也不要轻视个人的力量，用心做好每一件事。他用自己真实的人生故事讲述这个道理，他从毕业留在湖南经视搬道具、在演播厅干杂务开始，到当现场导演给观众讲段子逗乐，带着观众鼓掌，把自己双手鼓得通红，一直到终于有机会在广电内部晚会担任主持人，汪涵讲述了自己在人生关键时期的那些遭遇和选择的故事，向观众呈现出一个真实而可爱的汪涵，这个始终对生活的怀有感恩之心的人，用自己的真情打动了所有的观众。

你可以说汪涵是一个主持人，他擅长于表达，习惯于舞台，熟悉各种技巧，但任何一种形式的演讲，靠的必定不是外在的形式和技巧，那些哗众取宠、没有实质内容的演讲最后都不会走得太远。这个世界从来不缺乏机会，但机会永远是为那些有真才实学的人准备的。一名优秀的演说家的成功，看起来是因为一次演讲，实际上却远不止我们表面看到的那些，成功背后的长期积累，生活所带来的经验沉淀，独特的人格、思想和情感等，才是奠定成功的基础。

复旦大学的陈果老师有一段很精辟的论述，她说："气质就像计算机显示屏，显示出什么是由主机来决定的，你有多少内容存储在主机里面，你才有多么丰富美丽的画面显示出来。"我个人非常喜欢这句话，经验分享类的演讲尤其如此，丰富的经历和经验，才是你能够分享的基础，是你的主机的内存，而外表展示出来的演讲只是显示屏。展示在观众眼前的所有东西，都是演讲者与日俱增的代表生命厚重感的阅历和经验，这才是真正能够打动人心的东西。

项目路演：坚守初心，塑造价值

如今，随着市场竞争的加剧，各种项目的竞争也变得异常激烈。以前都说“酒香不怕巷子深”，现在恐怕已经没人敢轻易这么说了，而一对一的产品推介又要耗费大量的人力、物力、财力，因此，举办招商引资、项目路演等一对多的会议式销售型演讲，开始受到越来越多企业的欢迎。

我有时也会看到一些路演活动，有些甚至是比较大型的，但停下稍微听一会儿，就感觉兴趣索然了。那些上台演讲的人，看起来都是企业中的领导级人物，有时还可能是创始人、总裁等，但几乎每一个上台者，上来说的都是“我叫 ××，来自 ×× 公司，我们公司主要做什么，有 ××× 优势，有 ××× 产品”等等。

听起来好像没毛病，但站在一个演讲者的角度来看，如果在你和观众之间没有建立起连接感、信任感之前，就滔滔不绝地说自己的产品如何好、项目如何棒、公司多么牛，想以此吸引观众，我感觉效果是不会太好的。

说到项目路演，很多人可能都认为这是为了卖产品或做融资服务等，其实这是对项目路演浅显的认识。

在大数据时代，项目路演并非一定要站在舞台上，在其他地方也可以进行项目路演，或许是在电梯里，或许是在咖啡厅、餐厅里。没有计算机，没有PPT，没有事先写好的脚本，只有你自己，并不影响别人了解你和你的梦想。有时候，你以为你要靠产品或项目打动别人，但在别人看来，这也许并不是最重要的东西。

任何事情，只要我们善于从源头思考，就能找到应有的方向，我把这个东西叫作目标。项目路演的目标会决定你的结果，你是怎么思考的，也将决定你的方向。

那么，目标到底是什么？我觉得这可能需要问创业者自己，你为什么创业？是为了赚钱，还是为了改变生活、改变世界？我们不能说赚钱不对，但只基于这一目标往往走不了太远。

所以，我所理解的成功的项目路演，并不是怎样快速地把自己的产品或项目卖出去，赚一笔大钱，而是先找准观众的痛点和爽点，然后用你的演讲来解决他们的痛点，帮他们找到爽点，让观众知道你的产品或项目能给他们带来什么价值，解决什么实际问题，或者能够带来什么好处。这样的路演，才有可能获得成功。

2016年10月14日，华为以“美好触手可及”为主题，正式面向中国市场推出5英寸轻旗舰Nova手机。在发布会上，华为的产品经理王婷婷登台演讲，介绍了这款手机的自拍功能。其中有这样一段：

“我们经常在拍照时有这样的感觉，把手机拿起来，pose（姿势）摆起来，表情到位了，然后发现，咦，我根本接触不到拍照键。好不容易触碰到拍照键了吧，手又抖了，照片拍花了，这怎么办？然后朋友拿过手机看你拍的照片，她们会异口同声地告诉你：浪费表情！有没有？这样的场景是不是特熟悉、特有画面感？”

这段话说到了我们很多人用手机时的“痛点”，所以当她说出来时，很快就获得了下面观众的共鸣。

紧接着，她又讲道：

但有了 Nova，一切都会变得非常简单。你在双手自然握持手机的状态下，轻轻触碰指纹识别区，就能完成拍照……

这就解决了观众的“痛点”，帮助观众找到了“爽点”。在这场产品发布会结束后，王婷婷演讲的视频快速在网上走红。她超高的演讲水平和出色的现场感染力，收获了无数网友的好评。甚至有网友感慨，华为真是人才济济，产品经理的这段演讲不仅体现出了极高的专业水平，更具备了营销经理、宣传经理的专业素养。

这是一场产品发布，从某种角度来说，也是一种项目路演。

道理是一样的，产品和项目解决的都是“痛点”的问题，只有把“痛点”讲清楚，才能呈现项目的价值。当你真正解决了客户的问题和需要，能够提供让客户感到有价值的东西时，他们自然会主动关注你的项目。

除了“痛点”问题，项目路演真正打动人心的，除去你的产品、项目、盈利模式和团队价值，最重要的就是你做这件事的“初心”，或者说是你改变世界的热情。项目路演不仅要有理性的部分，还要有感性的部分，而且这个部分更容易感染对方。

我有一位企业家朋友，他叫杨威，创立了“红楼梦”珠宝品牌。当这个品牌的第一家门店开业时，他站在商场门前的广场上，面向所有的员工、合作者、投资方，以及在场的所有顾客，做了一个开业演讲。

他的演讲题目叫“我们有一个梦想”，其中有这样几段话特别打动我，在这里跟大家分享一下：

有一天，我走在上海外滩，那个1845年开始中国人就不能随便出入的租界，到了2010年仍然让我感觉到了国外，因为我看不到一个中国品牌在那里立足和受到尊重。19世纪是因为武器我们失去了领土，21世纪我们因为品牌同样在失去领土。这是中国品牌的耻辱，也同样是中国人的耻辱。

我们有一个梦想，中国品牌和国外品牌同样因内涵而赢得世界的尊重。中国品牌是品质、品位、价值的象征；中国品

> 牌充满了责任感和社会价值。
>
> 我们有一个梦想，中国品牌是尊严的代名词，这种尊严感就是我们的自尊心，我希望将这个梦想传递给整个民族。
>
> 我们有一个梦想，中国企业给世界的感觉就是负责、谦卑、共赢。这是一种格局，赢得天下人心的格局。一群有责任感的企业，一群有灵魂的企业，一个受世界尊敬的群体。
>
> ……
>
> 我们！将为这个梦想奋斗一生，不惧挫折、不惧嘲讽、不惧远途、不惧失败、不惧苦痛。这个梦从我开始，一代人、两代人……中国人的品牌精神一直会延续。而我们的品牌精神，也将千年不朽……

当他的这段演讲结束时，台下很多观众都被他打动了，很多路过的人纷纷走进他的门店购买产品，以示支持。同样，他的演讲也令员工振奋，令合伙人钦佩。

这个演讲并不是一个单纯的项目路演，但起到了很好的品牌宣传作用，是一次真正意义上的项目路演。

最后，我想说的是，项目路演没有固定的思维架构，我也不认为别人能够帮你梳理出一个思维架构。说服靠的不是技巧，而是你的心。真正坚信自己梦想的人，任何地方都可以是路演的舞台，任何形式都可以是路演。

用演讲开启人生新征程

写这本书的时候，正是2020年初始，疫情暴发，武汉封城。一切的未知打乱了生活原本的计划和节奏，但是却催生了生活的另一种状态：思考和等待……

那段日子，我每天必做的是打开电视，了解最新的疫情动态，期盼拐点的到来。直到有一天，在电视新闻报道里，我看到了一个场景：方舱医院里，一位患者手捧一本书，靠在床头静静地阅读。他的表情是那么淡定与平和，周围的一切好像都与他无关。他就是当时爆红网络的“读书哥”，很多网友评论他说：“从一个人的身上，看到了一座城市的希望。”这种来自内心的强大力量深深打动了我。这位“读书哥”的冷静和理性，就像一面镜子，提醒和启发了我：克服疫情的根本方法，不是等待这个世界给出答案，而是找到自己的答案。

与此同时，湖北省图书馆联合湖北省演讲协会共同主办了“书香战疫，以读攻毒”全国首届讲书人大赛，鼓励大家通过读书来对抗疫情，通过分享自己最喜欢的一本书来彼此鼓励。大赛邀请我作为评委和总教练。我很乐意做这个事情，我在家中为大赛录制了宣传视频，并写了一篇文章叫作《读书与讲书》，我说："演讲和读书，是天然的同盟军。用讲书的心态来读书，书可以读得更透彻；用讲书的形式来呈现读书成果，是一种知识分享，众人受益的过程。"我鼓励大家阅读，并把自己喜爱的书籍用讲书的形式推荐给更多人。在讲书人大赛进行过程中，我开设了线上讲座——"讲书里的哲学思考"，直播当天有 5000 多参赛选手听我的讲座。我在讲座里提到，任何一个演讲，其实讲的终究都是自己。比如讲书，表面上讲的是书，其实讲的是自己与书相遇的故事，讲的是书在自己人生路上的指引，讲的是自己独特的心得和感受。这也是演讲的真谛。

这些事情让我萌发了一个想法，与其封闭在家焦虑无奈，不如多做一点有意义的事情，用自己的实际行动来对抗疫情。比如写一本书，我可以把自己多年来在演讲方面的心得和经验系统地梳理一下，写一本具有实操性和实用性的演讲教程。我希望这本书不艰涩枯燥，得读起来有意思，学起来有方法，用起来好上手，可以在生活中的很多场景下使用，能够为我们日常的工作和生活解决实际问题。在这样的理念指导下，我开始着手撰写这本书。

2020 年 4 月 8 日，武汉解封，这标志着武汉抗击疫情取得了阶段性的胜利。我们得以走出家门，重新拥抱这座城市。在这次疫情中，各条战线都涌现出了一大批抗疫先进人物，我的工作开始忙碌起来，为这些来自武汉的消防、公安、医疗、生产、建设等行业的抗疫先进人物辅导演讲，并受湖北省总工会宣教部委托，参与到“中国梦 劳动美——决胜湖北 奋斗有我”全省网络宣讲比赛的活动当中，帮助奋战在抗疫一线的消防员、公安民警、医务工作者、记者、公交司机、社区工作者、火神山医院和雷神山医院的建设者等等，面向全社会讲出中国抗疫的故事。越是深入到一线去了解那些普通的劳动者，我越是被他们深深地打动，体会到一切来之不易。我在担任武汉市武昌区“战疫里的青春之光”青年干部演讲大赛决赛评委的时候，听到一个年轻的妈妈演讲，她说：“孩子问我，勇敢是什么？我想，勇敢就是当自己也觉得害怕的时候，却依然能去做正确的事情。”我觉得武汉是因为有这些人，我们才能重获自由。那次比赛的点评，我没有提到任何关于演讲的技巧，我只谈到了“真实”！真实地面对自己和观众，真实地敞开内心，讲述自己亲身经历的真实的故事，演讲便不需要任何技巧。这就是演讲的“大道至简”。

非常感谢这些奋斗在一线的普通劳动者，他们是中国故事的创造者和讲述者，他们做着自己认为平凡而正确的事情，而这平凡里却蕴含着改变世界的力量。我很感激，能够成为这些优秀的人演讲路上的同行者，他们的很多故事，我也写进了这本书里，他们也在不断拓宽我对演讲的认知。他们让我觉得，演讲不该只属于大人物、大舞台，而更该属于生活，属于故事，属于每一个普通人。每一个平凡的人，都有属于自己的故事，也都曾有过不平凡的时刻，而演讲的作用，就是帮助每一个普通人，讲出自己的精彩，讲出自己的幸福，讲出自己不平凡的人生体验。而演讲，正是助力人们走向人生新征途的有力工具。

掌控演讲，其实就是掌控自己，进而掌控自己人生的重要时刻。

创作这本书的起心动念，源于2020年的这些特别的经历。我希望把这本书献给每一个渴望学会演讲的普通人，我期待演讲能够带给你改变，期待你有一天能拥有站在舞台上发光的时刻，期待你从此一步步走向梦想。这就是作为一个演讲教练，我希望我能做到的力所能及的、正确的事情。

最后，感谢为这本书提出宝贵建议、给予帮助的所有人。感谢我的先生、我的朋友的支持和帮助。感谢书中优秀演讲范例的作者吴峰、张建勇、胡洁、杨威、王雅琴、秦月红、邱婷、李婷婷、黄超、罗茂平、罗风华、李墨、方媛等的慷慨，感谢中信出版集团张艳霞主编及其优秀团队对书稿提出的宝贵建议和辛苦付出。向你们致以诚挚的谢意！

由于水平有限，书中或有不足之处，敬请读者批评指正。

陈飞

2021年3月